◎ 2023 年河南省科技发展计划项目（软科学）（项目编号 232400410068）。

◎ 本书作为河南理工大学工商管理学院能源经济研究中心、管理科学与工程省级重点学科的成果。

河南省煤炭资源型城市绿色转型发展研究

秦建辉 ◎著

中国财经出版传媒集团

经济科学出版社
Economic Science Press

·北京·

图书在版编目（CIP）数据

河南省煤炭资源型城市绿色转型发展研究/秦建辉
著．--北京：经济科学出版社，2024.1
ISBN 978 - 7 - 5218 - 5575 - 3

Ⅰ.①河… Ⅱ.①秦… Ⅲ.①煤炭工业 - 工业城市 -
转型经济 - 经济发展 - 研究 - 河南 Ⅳ.①F426.21

中国国家版本馆 CIP 数据核字（2024）第 036453 号

责任编辑：李　雪　袁　溦
责任校对：刘　娅
责任印制：邱　天

河南省煤炭资源型城市绿色转型发展研究
HENANSHENG MEITAN ZIYUANXING CHENGSHI
LÜSE ZHUANXING FAZHAN YANJIU
秦建辉　著

经济科学出版社出版、发行　新华书店经销
社址：北京市海淀区阜成路甲 28 号　邮编：100142
总编部电话：010 - 88191217　发行部电话：010 - 88191522
网址：www.esp.com.cn
电子邮箱：esp@ esp.com.cn
天猫网店：经济科学出版社旗舰店
网址：http://jjkxcbs.tmall.com
固安华明印业有限公司印装
710 × 1000　16 开　13.75 印张　180000 字
2024 年 1 月第 1 版　2024 年 1 月第 1 次印刷
ISBN 978 - 7 - 5218 - 5575 - 3　定价：70.00 元

　　党的十八大以来，中央将生态文明建设摆在更加突出的
位置，纳入"五位一体"中国特色社会主义总体布局。资源
型城市作为国民经济发展的重要支撑，为我国工业体系形成
和现代化建设作出了巨大贡献。然而20世纪90年代以来，
由于长期高强度的规模开采，部分资源型城市表现出资源枯
竭、局部环境恶化、转型内生动力不强及经济衰退等一系列
问题。党的十九大以来，中央先后出台实施区域协调发展战
略、推动绿色低碳循环发展、有序推进碳达峰碳中和、优化
国土空间开发格局等重大任务，对破解资源型城市发展困境、
实现高质量转型发展这一难题，进而摆脱"资源诅咒"产生
了积极推动作用。因此，开展资源型城市绿色转型发展相关
研究，形成可持续发展长效机制模式，维护国家能源资源安
全，加快生态文明建设提供理论和路径支撑，成为当前亟待
解决的科学问题。

　　本书面向煤炭资源型城市加快绿色转型提升发展内生动
力需求，以典型性、代表性为原则，选择河南省8个典型煤
炭资源型城市为研究对象，从资源、环境、社会、经济等角

度分析绿色转型面临的问题和挑战，明确了绿色转型驱动因子及联动过程，阐明了绿色转型驱动机理，构建了基于熵权与理想点的绿色转型"经济—社会—生态"协调发展评价模型，研究了绿色转型效率分析及障碍因子诊断方法，建立了目标决策约束条件下的绿色转型预测模型，提出了城市绿色转型发展路径及策略。主要内容如下：

第一，从制度体系、结构构成、要素投入、生态建设四方面探究了煤炭资源型城市绿色转型的驱动因子，明晰了绿色转型的逻辑框架及驱动机理。基于区域发展生命周期、脆弱性、系统论和空间经济学等理论，提出了影响绿色转型的驱动因子；从宏观、中观、微观三个视角阐述了绿色转型驱动因子及联动过程，即结构优化升级是核心、制度体系改革是保障、要素投入革新是支撑、生态文明建设是导向，此四个驱动因子通过压力、内动力、支撑力及保障力传导构成了其绿色转型的内在驱动机理；建立了绿色转型"协调发展度—效率—预测—策略"四位一体的动态调整和城市生长周期差异化引导机制。

第二，构建了煤炭资源型城市绿色转型"经济—社会—生态"协调发展评价指标体系与评价模型并进行了应用。运用生态学、资源稀缺、生命周期和可持续发展理论，遵循客观性、系统性、易获取性等原则，筛选了 17 个显著影响城市绿色转型协调发展的指标，引入理想点模型，构建了"经济—社会—生态"协调发展评价模型。结果表明：从时间序列上，河南省 8 个煤炭资源型城市协调发展度表现为显著上升、波动上升、平稳上升的特征。2000～2015 年协调发展度较低，均在

0.6 以下，原因在于该阶段煤炭资源开采强度大、经济增长率高，环境压力较大。2015 年后，协调发展度差异化明显，平顶山市、三门峡市等成熟型城市协调发展度呈逐年显著上升态势，鹤壁市、焦作市、安阳县等衰退型和再生型城市协调发展度变化较小，波动不大；成长型煤炭资源型城市永城市协调发展水平最低，增速较慢。

第三，综合经济、社会、资源和环境等因素，构建了煤炭资源型城市数据包络分析（DEA）的绿色转型效率多维度评价模型和障碍因子诊断方法。引入 DEA 模型，从投入和产出两方面提出了城市绿色转型效率指标体系，构建了"纯技术—规模—综合技术"绿色转型效率多维度 DEA 评价及交叉效率评价模型。通过引入逐一控制变量方法，形成了基于面板回归的障碍因子诊断方法。结果表明：河南省 8 个煤炭资源型城市绿色转型效率呈先降低后上升的趋势，整体表现为上升趋势；鹤壁市和宜阳县交叉互评效率值最高，绿色转型效果明显，焦作市、平顶山市、永城市转型效率处于中等水平，转型效率一般。再生型城市绿色转型效率较好，成熟型和衰退型城市绿色转型效率出现下滑趋势。不同城市绿色转型效率障碍因子存在差异性，资源禀赋、居民收入水平是主要障碍因子。

第四，基于系统分解—协调优化的思路，采用多目标最优决策函数构建了目标决策约束条件下的绿色转型预测模型，并进行了应用。以绿色转型城市生产总值最大化为目标函数，建立经济、资源和环境三个子系统约束下的资源型城市绿色转型预测模型，从经济增长、能源利用以及环境污染排放三个方面对 2025 年和 2030 年四个典型城市绿色转型进行了预测，发现在未来约束条件下各城市区域生产总值均将大幅提升。其中，焦作市能源需求量增幅小且污染物排放量逐步降低。

第五，依据煤炭资源型城市发展阶段、绿色转型协调发展度、转型效率等因素，提出了产业升级、创新驱动、生态提质"三位一体"的城市绿色转型路径与差异化策略：延伸工业产业链条提高资源开发效益；建设优质高效的现代服务业体系；创新驱动提升绿色转型质量；推动农业全产业链绿色发展；推进矿产资源绿色开采和高效利用。

作　者

2024 年 1 月

CONTENTS ▷

目　录

第 1 章 绪 论

1.1 研究背景与意义

1.1.1 研究背景

资源型城市是指因以本地区自然资源（含煤炭、石油、森林、矿石等）的开采、加工而兴起或发展起来的，且相关资源产业作为主导产业在该城市的工业体系和经济总量的所占比例较高的城市，包括煤炭、石油、钢铁、有色金属、森工等资源型城市[1][2]。长期以来，资源开发活动支撑了国民经济的快速发展，促进了区域基础设施和公共服务设施建设，带动了城市经济社会全面进步。20世纪90年代以来，由于长期大规模开采，部分资源型城市表现出局部环境恶化、资源枯竭、经济衰退等一系列问题，逐步陷入"矿竭城衰"的发展困境。

据统计我国各类资源型城市共有262个，其中31座城市属于起步和发展阶段，占比11.83%；141座城市处于成熟发展阶段，占比53.82%；67座城市属于衰退型资源型城市，占比25.57%；

23 座城市处于城市转型再生阶段，占比 8.78%[3]。资源型城市由于长期采取掠夺式、粗放式开发，引发了诸多生态环境问题[4]。资源型城市产业结构单一，多数城市第二产业所占比例在 30% 以上，有的甚至达到 80% 以上。资源型城市由于长期过度依赖资源产业发展，面临着整体技术相对落后、后备资源储备不足等问题，城市的综合竞争力和可持续发展能力普遍偏低。

当前资源型城市亟须加快推进绿色转型，这是深入贯彻落实绿色发展理念、实现"双碳"目标、推动经济高质量发展的内在要求。近年来，针对资源型城市转型发展面临的普遍问题，国家和地方相继出台了一系列促进资源型城市可持续发展的政策，提出了绿色转型发展的基本原则和转型任务，明确了绿色转型发展的未来方向。2013 年国务院正式出台《全国资源型城市可持续发展规划（2013～2020 年）》。2015 年党的十八届五中全会提出"创新、协调、绿色、开放、共享"的新发展理念，强调"坚持绿色发展，必须坚持节约资源和保护环境的基本国策"。2017 年党的十九大报告为解决资源型城市发展困境提供明确方向，"实施区域协调发展战略，支持资源型地区经济转型发展"。"十四五"时期，国家将部署实施区域协调发展战略、推动绿色低碳循环发展、有序推进碳达峰碳中和、优化国土空间开发格局等重大任务，为资源型城市绿色转型发展提供了战略机遇。因此，立足新发展阶段，开展资源型城市绿色转型发展相关研究，形成可持续发展长效机制模式，维护国家能源资源安全，加快生态文明社会建设提供理论和路径支撑，成为当前亟待解决的科学问题。

煤炭作为我国的主体能源和重要的工业原料，能源安全事关我国社会主义现代化建设全局。"十四五"时期，是我国开启全面建设社会主义现代化国家新征程、向第二个百年奋斗目标进军的第一个五年，是中国实现"碳达峰"的关键五年，是把"碳中和"

愿景纳入经济社会发展规划的第一个五年。现阶段，国内经济发展处于新的时代和新的阶段，我国煤炭工业发展也面临更加复杂的内外部环境，由前一个时期的高速增长阶段转向当前的中低速增长阶段，正在向分工更优化、组成更合理、形式更高级的发展阶段演进；与此同时，能源革命加快推进，清洁能源替代化石能源，油气和风电等替代煤炭资源的步伐不断加快，生态环境质量约束机制更加强化，煤炭资源型城市绿色转型发展正处于重要战略机遇期[5][6]。城市绿色转型发展要通过加快产业转型升级，推动煤炭工业增效提质，强化煤炭消费强度和总量双控，积极服务国家重大发展战略实施。

河南作为全国重要的煤炭资源生产基地，煤炭产量连续多年保持在全国前列，为我国经济社会发展和国家能源安全作出了重要贡献[7]。2018 年，河南省发改委印发《河南省资源型城市转型发展规划（2017～2020 年)》，明确提出"河南省作为煤炭资源型城市，长期积累的一些突出矛盾和问题仍没有得到根本解决。如产业层次较低，资源型产业比重仍比较高，个别城市采掘业占比仍高达50% 以上；工业产品多处于产业链前端和价值链低端，传统产业竞争优势逐步丧失，接续替代产业尚未形成有效支撑；环境制约加剧，部分地区开发强度过大、主要污染物排放超过环境容量；历史欠账较多，城市基础设施和公共服务设施仍不完善，煤炭开采沉陷区综合治理与城市棚户区改造等任务重、难度大、成本高等问题"。2022 年，河南省政府发布《河南省"十四五"现代能源体系和碳达峰碳中和规划》，明确资源型城市下一阶段应大力推进节能降碳增效、着力增强能源安全保障能力、积极培育现代能源发展新优势、创新完善能源碳达峰碳中和体制机制等举措，为推动城市实现绿色低碳转型做出规划安排。

立足新发展阶段，河南省煤炭资源型城市转型迎来了发展机遇，同时也面临着众多矛盾交织和发展风险的严峻挑战。煤炭资源型城市要突破体制障碍、着力优化产业结构、解决矛盾补短板、提高发展质量效益，着力培育接续替代产业，加快建设现代化经济体系；煤炭资源型城市要探索转型新模式、激发新活力、拓展新路径、集聚创新要素，着力增强内生动力，着力促进民生改善，逐步健全长效机制，实现更高质量、更有效率、更加公平、更可持续发展，为开启新时代全面建设社会主义现代化河南新征程、谱写中原更加出彩新篇章提供更加有力的支撑。因此，有必要针对性地对煤炭资源型城市绿色转型内在机理、转型效率提升和转型路径优化等方面开展研究。

1.1.2 研究意义

资源型城市转型发展的目标是促进经济社会的可持续发展和高质量发展。研究其转型机理和转型路径，丰富深化资源型城市绿色转型的理论，为资源型城市实现可持续发展提供实践路径参考。对于实现资源型城市绿色转型，保证资源有效利用、产业健康发展，形成人与自然和谐共生，促进社会、环境、资源、经济等方面全面发展具有重要意义。

（1）理论意义

资源型城市绿色转型机理、过程诊断和情景预测等是城市转型发展的重要理论问题。如何重新培育资源型城市绿色产业，促进产业绿色化、多元化和生态化，实现资源型城市的绿色转型和可持续发展，成为人们关注的焦点问题[8]。因此，开展煤炭资源型城市绿色转型发展研究对于完善城市高质量发展和可持续发展理论具有重要意义。

第一，资源型城市绿色转型是一个涉及多个学科的系统课题。基于产业经济学、管理学、人居环境与系统科学等多学科交叉，通过综合考量煤炭资源型城市经济、社会、资源和生态等因素，开展资源型城市转型机理、发展协调度评价、转型效率评估与障碍因子诊断等研究，回答煤炭资源型城市"为什么要绿色转型""绿色转型效率如何"和"探索绿色转型路径"等问题[9][10]，对促进学科交叉融合，推动城市转型研究从静态分析向静态动态相结合的研究方式转变，进一步拓展绿色转型相关研究成果，明晰煤炭资源型城市绿色转型路径具有重要意义。

第二，如何针对性地提出资源型城市切实可行的转型策略，是当前学术界关注的一个重要理论问题。通过对河南省煤炭资源型城市的社会、经济和发展协调度进行分析，绿色转型内在机理识别和效率评估，探析煤炭资源型城市绿色转型效率的总体水平和差异，从机理、预测及路径等多维度进行研究，形成较为系统的煤炭资源型城市绿色转型理论框架，对进一步丰富和完善资源型城市可持续发展理论具有促进作用。

（2）现实意义

资源型城市绿色转型发展是实现资源型城市可持续发展的必经之路[11]。经过多年发展，一些资源型城市在经济社会、生态环境的转型方面取得了一系列成效，逐步进入转型升级的关键阶段。因此，开展资源型城市绿色转型发展研究具有重要的现实意义。

一方面，煤炭资源长期规模开采是煤炭资源型城市出现发展困境的主导因素，导致区域可持续发展能力降低、资源枯竭、生态环境恶化等问题。通过对典型煤炭城市转型发展现状的横向与纵向对比分析，探讨转型效率的总体水平和差异，辨识城市绿色转型发展障碍因子，并借鉴国内外相关成功经验，有针对性地提出绿色转型发展路径，为煤炭资源型城市实现可持续发展提供方法支撑。

另一方面，河南省煤炭资源型城市数量较多、发展阶段不同、转型策略有较大的差异，探索河南省煤炭资源型城市绿色转型的差异化策略，为城市实现绿色转型发展提供决策参考。

1.2 国内外研究综述

1.2.1 资源型城市与绿色转型内涵

20 世纪 20 年代以来，国外学者率先开始关注资源型城市发展问题。国外研究文献中，资源型城市（resource-based cities）通常被称作资源型社区（resource-dependent community）或资源型城镇（source-based town），而以矿产开采为主的城镇被称为工矿城镇（mining town）[12]。早在 1921 年，英国学者奥隆索（Auronsseau）在城市分类的研究中，首次正式提出矿业城镇（mining town）的概念[13]。20 世纪 30 年代，加拿大经济学家英尼斯（Lnnis, 2001）开始进行资源型城市的相关理论研究。特别是针对单一产业城市发展特点，他运用"飓风"（cyclone）名词，形象地描述资源型城市在资源开发中兴起、资源枯竭后没落的典型特征，阐明这种类型的开发方式的生命周期和后果危害，英尼斯（2001）的这一研究引发广泛关注，并正式开启了资源型城市发展问题的学术探讨[14]。

20 世纪 20～70 年代，资源型城市的相关理论研究尚处于起步发展阶段，国外资源型城市相关领域的学者，逐步关注资源型城市的发展特点和相关影响，研究领域横跨社会学、生态学、规划学、管理学、经济学和人口学等不同学科。琼斯（Jones, 1933）运用描述性的研究方法，对加拿大落基山脉一带的旅游城市班夫（Banff）和矿业城市坎莫尔（Canmore）进行了深度对比分析[15]。1964年，加拿大学者罗宾逊（Robinson，1964）从自然环境、城市规划、经济基础、发展历程等方面，对比研究了加拿大的四个资源型城镇，他发现这些城镇与20世纪初期兴起的资源型城镇之间存在的差别，此外还深刻剖析了4个资源型城镇的经验教训和发展路径[16]。

20世纪70~80年代，国外学者以产业经济学、经济地理学为研究视角，关注群体的实证研究，进入系统理论研究的发展阶段。有关资源型城市的社会心理问题、规划建设、发展阶段等研究也更加多元、更加丰富。1971年，卢卡斯（Lucas，1971）系统研究了资源型城镇的成长历程和发展阶段，首次正式提出资源型城市的"四阶段发展理论"，即：建设期（construction）、发展期（recruitment）、转型期（transition）和成熟期（maturity）[17]。这种资源型城市阶段的划分方式，对学术影响非常大，在其之后的很多学者虽然也从不同角度重新补充定义了资源型城市发展阶段的划分方式，但只是在原有基础上的引述和修正。其中，布拉德伯里（Bradbury，1983）等人对卢卡斯（1971）划分的资源型城市生命周期理论进行了拓展，增加了"衰退期""关闭期"两个新的阶段，并采用大量实证研究对处于衰退期的矿业城镇谢弗维尔（Schefferville）进行了深度研究[18]。

20世纪80年代后，学术界对资源型城市可持续发展问题的研究逐步增多，学者们开始以可持续发展理论、劳动力市场分割理论等为视角，对资源型城市的经济、资源、环境、社会等方面的可持续性发展进行综合研究。罗斯（Ross，1986）等指出，资源型城市应该立足发展实际，加快转变调整发展方式，实现资源型产业与非资源型产业之间的总体平衡，进而推动实现区域经济的可持续发展[19]。夸勒克（Kwolek，2019）认为，可以通过制定法律法规来规范企业的资源开采行为，同时通过加大对节能环保技术的支持力度，科学合理利用矿产资源，促进城市生态环境持续改善[20]。海特（Hayter，2000）和巴恩斯（Barns，1997）等学者认为，随着全球一体化和经济全球化的深入推进，以及民众对环境保护更加重视，加拿大的资源经济形势正在发生新的变化[21][22]。实际上，加拿大的原材料及其加工产品出口的实际规模有增无减，且投资数量仍在不断增加[23]。马凯（Markey，2006）等认为，资源型城市的经济发展和增长，虽然面临不少难题和发展困境，但仍然是部分地区经济社会发展的主要推动力和重要增长点[24]。此外，余杰（Yu，2015）等探索研究了资源型产业发展与资金、技术等要素之间的逻辑关系，构建了矿产资源可持续力（DSDMR）模型，阐述了资源对城市发展的重要推动作用[25]。

资源型城市作为我国重要的能源生产和安全保障基地，其发展质量和转型效果直接影响着国家的能源安全和经济社会的稳定发展，资源型城市发展问题已经成为关系国家战略安全的重要问题。资源型城市特征的界定依据源于"发生学"。不同类型的资源开发形式，形成了不同特征、不同发展阶段的资源型城市。整体来看，资源型城市具有一定的共同特质，但由于发展历程、现状和特点不尽相同，不同资源类型和不同发展阶段的城市经济社会发展水平存在着明显差别。资源型城市有多种不同的种类划分方式，但无论如何分类其主要目的就是更好地调整城市产业结构布局，从而有利于解决"何时转""如何转"和"转向哪"等主要问题[4]。为统筹推进全国资源型城市的可持续发展问题，国务院于2013年出台实施了《全国资源型城市可持续发展规划（2013～2020年）》。这是我国首次正式颁布资源型城市可持续发展的国家级专项发展规划，共划分出262个资源型城市，其中地级行政区（包括地级市、地区、自治州、盟等）126 个、县级市 62 个、县（包括自治县、林区等）58 个、市辖区 16 个。

根据城市资源的开发情况和发展阶段，《全国资源型城市可持续发展规划（2013～2020 年)》把我国的资源型城市分为四个类型：成长型、成熟型、衰退型和再生型。成长型城市资源开发正处于上升阶段，经济社会发展后劲足，是我国能源资源的后备供给基地；成熟型城市资源开发处于稳定阶段，资源保障能力强，经济社会发展水平较高，是现阶段我国能源资源安全保障的核心区；衰退型城市是指煤炭资源趋于枯竭，经济发展滞后，民生问题突出，生态环境压力增大，是加快转变经济发展方式的重点难点地区；再生型城市基本摆脱了资源依赖，经济社会开始步入良性发展轨道，是资源型城市转变经济发展方式的先行区。

目前，我国 262 个资源型城市中，有成长型城市 31 个、成熟型城市 141 个、衰退型城市 67 个、再生型城市 23 个。学术界对于煤炭资源型城市概念的判定多从某一个角度出发和某一个学科出发，因此说法存在差异，是从定性到定量、从单个到多维指标的概念界定过程。从定性的角度来看，学者们认为它是凭借丰富的自然资源优势而迅速发展起来的工业城市，主要是以资源型产业为主导的经济增长模式。一些学者将资源型城市概括为依靠矿产资源发展起来的城市，其定量是由开采资源的产业及其带动的相关产业产值占工业总产值的比重来确定的。如果仅从定性的角度来确定资源型城市，则主观因素多、随意性强，不容易进行科学准确的界定。与此同时，仅从定量角度来确定资源型城市类型又偏于机械，不能保证能够综合考虑诸多不适宜用数据来表示的复杂因素，难以做到与现实情况完全相符。因此，科学方法是定性与定量的结合，以定量为主体，以定性为辅助。

一般认为，1962 年美国女学者卡尔逊（Carson）拉开了绿色革命的序幕。绿色经济的概念最早出现在 1989 年，由英国环境经济学家皮尔斯（Pearce，2013）等在著作《绿色经济蓝皮书》一书中首次提出，开启了绿色经济领域新时代。绿色经济概念提出以后，以"经济增长能够抵消环境与社会损失"为主旨的"弱可持续发展"观点迅速地在西方发达国家之间形成共识[26]。国外学者（Johnston，2005；Treffers，2015；Kawase，2006）针对经济发展中的能源利用效率、环境污染问题等展开了大量研究[27][28][29]。刘薇采用案例研究的方式，从绿色经济角度探讨了固体废弃物、污水、噪声、大气污染和全球气候变暖问题[30]。

"绿色转型"的概念正是在"绿色增长"的基础发展而来的，是近几年出现的为应对环境资源约束而提出的经济转型发展主张，但是目前有关"绿色转型"的理论和实践研究还处于探索阶段，研究成果相对较少，还没有形成完善的理论体系。国外学者大多从产业升级、科技创新、发展新能源等角度来研究城市绿色经济发展。索尼卡（Sunikka，2006）认为，发展低碳技术的作用十分关键，提高能源效率和倡导低碳技术是促进资源型城市绿色转型的两条有效具体路径[31]。欧梅尔（Omer，2008）强调了发展新能源的重要性，认为增加清洁能源和可再生能源的消费是资源型城市绿色转型的重要途径[32]。帕里什（Parrish，2009）等研究认为，企业家着眼于可持续发展的战略设计导向对绿色转型的顺利实现有着基础性作用[33]。温克勒（Winkler，2007）认为成熟的太阳能技术能够减少矿产资源消费量，可以有效帮助发展中国家资源型城市实施绿色转型[34]。

低碳转型与绿色转型的概念十分相近，都强调了以更少的资源消耗和环境污染获得更大的经济利益。约翰斯顿（2020）等深入分析了英国大规模减少住房温室气体排放量的技术可行性，认为到 21 世纪中叶，可以利用现存技术实现温室气体减排 80% 的预期目标[35]。特雷弗雷斯（2005）等认为，以 1990 年为比较基准，到 21 世纪 50 年代，德国可以利用现存技术实现温室气体减排 80% 的目标。此外，他提出了一系列低碳引导和推动策略，力争实现经济的快速增长与温室气体减排的双重目标[36]。贾巴伦（Jabareen，2006）以低碳发展为研究思路，研究了"城市村庄群落"的特点及发展规律，认为这种紧凑型城市设计群落有利减少温室气体排放[37]。格莱泽（Glaeser，2008）深入研究了碳排放量与城市规模、土地开发密度之间的关系，得出结论是：碳排放与城市规模存在正相关关系，而与土地开发密度有着明显的负相关关系[38]。国外学者对低碳城市发展路径的探索主要从技术、效率、资金、产业等层面。苏尼克卡（2006）从低碳技术的视角提出了通过优化产业结构、壮大绿色产能、提高能源效率、促进要素聚集、创新低碳技术来推动低碳城市转型的路径[39]。格莱泽（2008）和卡恩（Kahn，2008）以家庭消费为碳排放因素研究角度，选取美国典型大城市中心与郊区的家庭为实证研究对象，对其碳排放状况进行深入分析，从而提出具体化、有针对性的城市低碳化策略[40]。莫里森（Morrison，2009）等采用国际化研究视角，对比分析中、美、韩 3 个国家的碳排放实践进程，认为适当的公共绿色发展基金有利于清洁能源的发展，进而可以减少碳排放[41]。

　　绿色转型的思想渊源来自绿色主义，既是对科学发展观等可持续发展理论的实践探索，又是与"低碳转型""生态转型"等概念相类似的城市可持续发展理念[42]。近年来，我国一些省市纷纷开始推行"绿色转型"，太原市便是其中的突出代表[43]。2008 年 5 月 16 日，太原市颁布《推进绿色转型条例（草案）》，首次正式定义了绿色转型的含义：以生态文明建设为主导，以循环经济为基础，以绿色管理为保障，发展模式向可持续发展转变，实现资源节约、环境友好、生态平衡，人、自然、社会和谐发展[44]。张纯彬等基于科学发展观探讨了绿色转型的内涵，并将其描述为经济发展、社会和谐、资源节约、环境友好的科学发展模式[45]。杜创国等认为，推进绿色转型的总体目标和基本途径就是发展绿色经济，并以太原市为例，对我国绿色转型的发展逻辑与政策实践做了比较深入的研究[46]。王瑾认为，绿色转型显著区别于一般转型发展模式，探索健康经济增长模式，强调资源减量循环高效利用，培育绿色技术创新体系[47]。徐雪等认为，城市绿色转型的核心内容是发展城市绿色经济、推进绿色社会建设、强化绿色城市建设与管理[48]。

部分学者将研究对象具体化，针对资源型城市内的产业或企业的传统生产方式，提出绿色转型的发展模式。孙凌宇将资源型企业为了实现绿色转型在网络中的能力，称为资源型企业绿色转型能力[49]。资源型企业绿色转型能力的提高，将为资源型企业实施绿色转型发展战略注入动力[50]。何红渠等认为，资源型企业绿色转型与循环经济的思想是一脉相承的，只是内涵更加深刻，涵盖内容更加广泛[51]。孙凌宇认为，资源型产业生态管理的内涵就是，将单一的生物环节、物理环节、经济环节和社会环节组装成一个强大生命力的生态系统，实现经济效益、社会效益和生态效益协调统一[52]。刘治彦等认为，资源型城市产业绿色转型的最终目的是通过技术进步和管理创新，实现传统产业更新升级，逐步建立结构优化、技术先进、附加值高、能够可持续发展的现代产业体系[53]。魏洁认为，乌海市的绿色转型是包括社会、经济、生态、资源、环境、产业等在内的全方位转型[54]。

1.2.2　资源型城市绿色转型机理

当前随着学者们对资源型城市相关问题研究的不断深入，有关资源型城市转型发展机理及资源型社区规划等问题逐渐受到更多关注。在此之前，某些学者深入探究了资源型城市经济发展的依赖因素和障碍因素。布拉德伯里（Bradbury，1984）以依附理论的视角，深入阐释了资源型城市、劳动力、大型跨国公司、政府组织等资源型城市各关键要素之间的逻辑关系。研究认为，大型跨国公司的经营模式决定了其在资源型城市中的重要地位，其中政府发挥的导向作用同样不容回避[55]。托尼（Tony，2003）等以南非纳塔尔乌德勒支煤矿为研究案例，重点关注了发展中国家资源产业的发展问题，他认为发展以旅游业、金融业为代表的接续替代产业，能够很好解决资源型城市实现可持续发展过程中面临的难题[56]。根据资源型城市之间的产业规模、影响程度等因素，可以将资源型城市划分为边缘型、中心型。其中，处于核心区域的中心型资源型城市与边缘型资源型城市之间存在明显的"剥削和被剥削关系"，边缘型资源型城市的经济发展往往表现为明显依赖于中心型资源型城市[57]。研究资源型社区对研究资源型城市转型发展具有一定的借鉴意义。马什（Marsh，2015）以美国宾夕法尼亚州一个煤炭城镇的社区居民为研究对象，通过深入分析资源型社区居民对城市转型发展的态度后发现，普通民众对城市有着较大的认同感和归属感，大家对于资源型城市实现转型发展有较强的意愿[58]。

经济转型是资源型城市转型发展的一个重要方面。产业转型离不开技术创新发展，技术创新可以促进资源产业规模化、资本化、规范化运作，帮助资源型城市实现技术与资本的进一步聚集[59]。帕克（Parker，2017）在深入对比分析日本与加拿大的煤炭贸易情况之后发现，即使是具有较高稳定性的新型资源型产品接替了传统资源型产品的所占份额，但并没有因此降低资源型产业的高度依赖性，也没有实现有效发展高附加值的服务型产业的目标[60]。与此同时，学者们（塔尼娅，2003；索伦森，2003）开始更多关注资源型城市转型的对策研究，结合不同城市的发展实际，从不同角度提出资源型城市转型发展的路径和策略[61][62]。马凯（2006）等学者认为，资源型城市转型发展路径是要从综合运用经济和资源的比较优势，逐步过渡转变为城市发展间的竞争优势[63]。21 世纪后，学者研究范围得到拓展和丰富，开始聚焦资源型城市承载力及脆弱性方面的研究，为设计优化资源型城市转型路径提供更多参考和借鉴。特赫拉尼（Tehrani，2013）等综合分析了城市承载力的影响因素，构建了基于城市承载能力的负荷数字模型（UC-CLN）[64]。弗伦德（Friend，2013）等学者认为，要提升城市对环境变化的适应能力，就要从解决城市贫困、降低城市脆弱性两个视角同时发力，从而加强应对、优化措施，全面增强资源型城市的适应能力[65]。

国内学者基于生态学、系统论、动力学等研究视角，探究分析了资源型城市绿色转型的影响因素，取得了一系列研究成果和学术进展[66][67][68][69]。诸大建基于"压力—状态—响应"（PSR）方法，分析影响中国城市可持续性发展的主要因素，强调城市绿色转型需要从技术创新提升到系统创新[70]。朱远认为，影响资源型城市绿色转型的关键因素主要包括产业结构、资源消耗强度、居民消费模式以及城市的建设与运行模式[71]。王艳秋等从推力系统、动力系统、效果系统三个系统体系的基础上建立资源型城市绿色转型影响因素的技术制度经济（technology，policy，and economy models，TPE）模型，在经济、社会、资源、环境、技术动力因素驱动下使资源型城市转型成为必然，在企业、产业、政府三大推力系统驱动下使资源型城市实现绿色转型[72]。邬乐雅等重点分析了美国绿色转型各个阶段的转型驱动因素与相关环保政策与措施，认为绿色科技的发展以及灵活的环境经济政策为美国的绿色经济转型提供了重要保障[73]。曹依蓉通过测算中国各地区的低碳绿色转型指数，采用系统高斯混

合模型 (adaptive background mixture models, GMM) 实证检验资本存量、外国直接投资 (foreign direct investment, FDI)、财政分权等对低碳绿色转型的影响,研究表明,低碳技术是推动东部转型升级的关键因素,FDI 有利于低碳绿色转型,资本存量增加不利于西部转型,财政分权促进了低碳绿色转型[74]。赵东方等从政府、市场与企业三个层面识别了影响绿色增长能力的重要因素,并基于此提出了国家级新区绿色增长能力提升路径[75]。

学术界对绿色转型影响因素的探讨不局限于资源型城市,甚至具体到具体产业和企业,研究成果更具指导性[76][77][78][79][80][81]。杨玲等从基础—企业—市场模型 (groundings enterprise market models, GEM) 的六个方面找出了影响资源型企业绿色转型的障碍因子并加以分析,并从政府、企业和社会三个层面提出发展建议[82]。李雪娇等利用马克思主义政治经济学分析范式剖析了新常态下绿色发展的制约因素:物质利益、发展异化、利益冲突、落后的制度安排[83]。廖中举等从环境政策、绿色技术、市场需求、企业自身的资源条件和绿色意识等方面剖析影响钢铁企业绿色转型的动力和阻力因素[84]。李烨等从外部、情景和内部 3 个层面梳理分析了影响资源型产业绿色转型升级效果的主要因素[85]。何劲玥等以中国石化 A 企业为案例研究对象,发现 21 世纪后企业全面彻底的环保应对危机之策是受外部国家战略、市场危机、公众抗议、舆论危机和政府压力这五方面因素的综合影响[86]。李玲等从要素供给、市场需求、技术进步、制度设计和主体能力五个维度提炼农业绿色化转型的影响因素,并采用决策试验和评价试验法 (decision-making trial and evaluation laboratory, DEMATEL) 识别出关键影响因素[87]。

1.2.3 资源型城市绿色转型效率与路径

资源型城市绿色转型评价方法主要有逼近理想解排序法和理想

点法（technique for order preference by similarity to ideal solution，TOPSIS）、数据包络分析（data envelopment analysis，DEA）、社会调查法等，涉及企业、产业、城市、区域等不同层次[88][89][90]。陈诗一综合运用方向性距离函数的 SBM 方法，预测了中国相关地区的低碳转型指数问题[91]。武春友、陈兴红、匡海波从绿色投入、绿色生产、绿色排放、绿色技术、绿色文化五个方面选取了企业绿色度的评价指标体系，并采用层次分析法（analytic hierarchy process，AHP）与标准离差相结合的方法来确定指标体系的组合权重[92]。肖贵蓉等建立了包括压力、状态、驱动力、影响和响应等五个方面的资源型城市绿色转型评价指标体系，并且综合运用 TOPSIS 法与熵权法相结合，对 2006～2014 年的太原市绿色转型状态进行了系统评价与分析[93]。张虎等采用 DEA 模型的曼奎斯特（Malmquist）指数方法测度了 2000～2013 年湖北省工业绿色全要素生产率，评价结果表明湖北省工业绿色全要素生产率处于缓慢增长状态[94]。严先锋等建立超效率非径向的非期望产出排独立存在基于松弛值测算的（slack-based measure with non-separable "good" and "bad" output，SBM – NS – Overall）模型评价中国 2001～2014 年农业绿色发展水平，结果表明中国农业绿色全要素生产率得到快速发展，但仍处在较低水平[95]。李俐佳等从资源、环境、经济、社会 4 个视角，建立了沿海城市绿色转型的能力指标评价体系，并采用熵权法测算 2005～2014 年大连市绿色转型的综合能力[96]。胡书芳等从浙江省城市绿色发展现状出发，利用灰色关联分析方法建立起转型评价模型，预测 2015 年浙江省各地市的绿色发展指标指数[97]。

常用的转型评价模型还有主成分分析法[98]、因子分析法[99]、多元非线性回归分析方法[100]、TOPSIS 法[101]、案例研究法[102]等方法。卢山运用综合指数法对连云港市绿色发展水平进行分析与评价，结果表明连云港市绿色发展保障能力不断增强[103]。侯建等运用改进的松弛测度方向距离函数（SBM—DDF）测算了13个高专利密集度制造业的技术创新绿色转型绩效，并深入分析探究了提升产业绿色技术创新绩效的影响因素及驱动作用[104]。吴超等研究构建了涵盖创新效率与绿色效率的数据包络分析－幅度调整测度联合效率模型（date envelopment analysis-range adjust measure，DEA－RAM），对中国16个重污染行业绿色创新效率进行评价[105]。齐亚伟采用RAM模型对中国2000~2012年36个工业行业的环境全要素生产率进行测度，并采用面板样本选择模型、受限因变量模型（Tobit Model）实证检验环境规制、外商直接投资、科技创新等变量的相互作用对环境全要素生产率的影响[106]。杨瑞兰在深入分析区域经济发展形势的基础上，采用数据包络分析模型评价榆林市的工业产业转型能力，并利用比例性偏离份额方法，阐释了榆林市产业转型升级的路径问题[107]。王巧莉等基于建立资源型城市产业转型效率评价指标体系，采用DEA模型预测了辽宁、吉林和黑龙江3省19个地级资源型城市产业转型效率[108]。

学术界普遍认为政府、产业、企业是推进实现资源型城市绿色转型的作用主体，其中涉及环境、资源、经济、科技、社会、文化等各个方面[109][110][111]。孙毅等认为资源型区域绿色转型，是在保证经济发展速度与加强生态环境保护的双重目标的前提下，逐步提高资源型区域的经济发展质量与生态环境质量[112]。高俊对四川省产业绿色转型提出了一系列对策建议：加强政府监管调控，推进政策有效执行；正确选择主导产业，促进产业结构调整；走绿色循环发展道路；建立可持续发展评价机理，实时监测[113]。连晓宇测算了区域性中心城市绿色转型的静态绩效和动态绩效以及转型进程等方面的分值，并提出了提高区域性中心城市绿色转型质量的意见建议，即：缩小城市绿色转型区域差异、加快绿色科技创新、培育发展绿色产业、完善绿色转型政策法规[114]。许虹测算了辽宁省大连市旅顺口区城市的绿色转型绩效，并提出了辽宁省大连市旅顺口区绿色转型的对策建议：加快转变政府职能、优化科技创新环境、建立绿色产业体系、构建绿色价格工作机制[115]。王会芝分析了京津冀地区城镇化绿色转型存在的问题，并提出治理路径：创新城镇化发展模式，实行城镇化集约发展；构建完善的城镇化治理体系，解决生态环境困境；提高资源能源利用效率，推动城镇化可持续发展；践行绿色发展理念，纳入城镇化建设各个方面[117]。

部分学者对产业、企业的绿色转型问题进行了探索，提出了具有针对性的对策建议。李平认为，中国工业绿色转型需要加快体制机制方面的制度创新，要以政府顶层设计和优化政策法规为基础，借鉴利用国际先进经验，通过市场化运作和导向作用，鼓励引导产业界积极响应、民众积极参与和企业自主行动，逐步建立起综合性、开放式的绿色转型机制创新体系[118]。韩晶认为，我国的工业绿色转型有四条道路，分别是：大力发展现代制造技术、对传统产业进行信息化技术改造、以获取集聚经济效益为目标加强基地建设、通过壮大"静脉产业"推动资源循环利用[119]。叶敏弦认为，要实现绿色转型应该推动现有产业结构的绿色转型升级，建立基于都市化导向的现代绿色农业体系，建立基于集约化的绿色工业体系，建立基于高效化的绿色服务业体系[120]。董秋云认为，实现制造业绿色转型应该从三个层面进行发力：政府和社会带来的外部压力、来自企业自身的绿色转型意愿以及企业本身所具备的绿色转型能力[121]。杜艳春等认为，通过利用京津冀区域节能环保的技术优势推进传统产业升级，应该有以下措施：健全京津冀区域节能环保项目的合作共享机制，促进成熟的节能减排技术开展广泛应用合作；构建完备的技术研发转化工作机制，积蓄重要行业的节能减排新技术；加大绿色金融发展力度，切实解决相关项目融资贵、融资难等问题；优化环境政策标准因素，为京津冀区域间节能环保项目进行深度合作营造宽松有利的制度环境[122]。侯芳芳等认为，城市低碳转型的关键在于能源低碳转型，并提出了能源低碳转型的路径：推进生物质能多元化开发；打造分布式能源系统；加速低碳能源产业化利用；着力推进新能源安全利用[123]。郝萌以资源枯竭型城市铜川为研究对象，认为推动铜川市转型发展必须加速产业优化、提高能源利用效率、促进社会发展、加强环境保护、扭转城市建设思路，关键在于大力发展循环经济，创新延长产业链，壮大旅游产业[124]。

1.2.4　资源型城市绿色转型的影响因素

资源经济往往呈现较强的技术密集型和资本密集型特征，技术和创新逐渐成为经济发展的核心动力。资源型城市经济转型直接影响该区域的城市发展、经济发展和劳动力市场等发展状况。资源型城市转型发展关键在于进行产业重组重构。巴恩斯（Barnes，2000）等学者梳理了加拿大资源型城市及相关产业的发展状况，深入探究了煤炭、石油、矿产等不可再生资源以及农林牧渔等可再生资源耗尽后引发的负面影响。在资源耗尽的情况下，部分城市能够较快找到新的经济增长点，与此同时，不少城市会因此陷入发展困境[23]。资源型城市实现绿色转型是一项艰巨而复杂的历史课题，处理不好这个问题必将带来一系列问题，诸如就业率降低、失业率上升、经济增长疲软、人才流失等社会问题[125]。21 世纪以来，人类社会发展对资源环境的冲击更加强烈，随之而来学者对于资源型城市转型发展引发不利影响的研究日益增加。麦克马洪（Mcmahon，2011）等学者利用典型案例分析，梳理归纳了资源开采对资源型社区社会、文化、科技、经济、环境等方面带来的冲击，探究并建议政府作为工作协调者和政策制定者，应该建立一套各利益攸关方都能够平等对话、充分交流的多方协调机制，引导社区和普通民众广泛参与资源型城市转型进程[126]。洛克（Lockie，2019）等学者选取澳大利亚昆士兰中部的柯帕贝拉（Coppabella）煤矿作为研究对象，深入分析 2002～2003 年和 2006～2007 年的两个时间段的相关数据，通过构建交通模式、民众犯罪率、就业率、公共服务、住房等评价指标体系，全面评价转型对柯帕贝拉煤矿的社会影响[127]。特赫拉尼（Tehrani，2013）等学者深入分析了影响城市承载力的作用因素，构建了基于城市承载能力的负荷数字模型（UCCLN）[128]。

谭旭红通过计算黑龙江省资源型城市相关数据，得出众多影响城市绿色转型的作用因素，并将其归纳为外部政策因素与内部创新因素。政策和社会压力对绿色行为具有明显的正影响作用，其中更为根本的是内部因素驱动[129]。熊彬使用空间探索分析（ESDA）法和空间计量模型得出东北地区资源型城市转型效率的空间溢出效应明显、空间结构随转型阶段提升而不断优化，且现阶段影响我国城市资源转型的主要因素为城市产业结构、金融资本、政府行政效率以及对外开放程度[130]。张逸昕基于超效率松弛值测算（super-slack-based measure，super－SBM）30 个资源型城市的创新驱动水平与转型效率之间呈现正相关关系，建议通过创新驱动促进资源型城市的产业升级和内生发展，通过政府规制为城市转型进行长期规划，着力消除城市转型发展过程中的各种阻滞因素[131]。王晓楠等利用 DEA 模型评价了 2007～2017 年黄河流域 41 个资源型城市的转型机制和转型效率，探究了不同城市间转型效率的影响因素存在显著的差异特性，发现外商投资型工业企业占比对煤炭型城市转型效率的影响显著为正，采矿业从业人员占比对成熟型资源型城市转型效率的影响显著为正[132]。刘霆等运用分层线性回归方法，分析影响资源枯竭型城市转型的内部驱动因素，即：构建良好的营商环境是实现资源枯竭型城市成功转型的最重要的因素之一；资本投资水平和市场化发展程度对城市转型将产生明显的正向作用，体现为充足的社会资本投资和较高的市场化水平将对城市成功转型具有较强的推动作用[133]。崔伊霞全面研究国内外转型典型案例，分析得出应该着重发挥政府在绿色转型中的作用，加强资源枯竭型城市的顶层设计，精准把握城市的转型规划，最根本上是激发资源枯竭型城市绿色转型的内生动力[134]。

1.2.5　研究述评

进入 20 世纪 70 年代后国外许多资源型城市已逐渐面临资源枯竭的发展难题，国外学者们的研究方向主要集中在如何通过转型促使资源型城市在资源枯竭后重新走上新的发展道路。当生态环境问题越来越被重视之后，大部分资源型城市通过完善产业结构走上了可持续的再生发展之路。西方国家资源型城市规模偏小、人员流动性强，对资源型城市绿色转型问题研究较少。国内对绿色转型、低碳发展相关问题的研究起步较早，研究涉及企业、产业、城市和区域，偏重生态建设和治理领域的研究，对于城市绿色转型机理、过程诊断和情景预测的研究以静态分析为主，需要进一步加强对城市绿色转型动态性、可持续性的相关研究。具体包括以下方面：

第一，需要进一步深化对资源型城市绿色转型战略框架、转型机理的研究。自提出资源型城市转型的概念以来，国外学者主要关注转型效果评价、生态效率评估、协同效应分析等方面的实证研究，国内学者偏重微观视角的机理分析，且多以定性分析为主，有一定主观性，需要在资源型城市绿色转型的内在规律和机理、关键因子识别和诊断等方面加强研究。

第二，需要进一步改进资源型城市绿色转型的评价指标及评价模型。目前的研究基于宏观统计数据与微观问卷调查数据、理论与实践相结合，多从单一视角对城市绿色转型情况开展评价。需要综合生态学、统计学、地理学等多学科，资源、环境、社会、经济等多维度，定性与定量相结合开展综合评价指标体系和评价模型研究，全面客观刻画资源型城市的绿色转型发展状况。

第三，需要进一步加强资源型城市绿色转型的对比分析及差异化路径研究。受资源禀赋、地理区位、开采方式、发展阶段等因素影响，国内外资源型城市转型模式存在显著差异。国外对资源型城市的研究注重理论假设和定量验证，具有较清晰的研究逻辑和分析脉络，在研究内容和研究广度上还需深入。国内研究主要以单个城市或区域为对象开展相关研究，在资源型城市间资源禀赋条件、转型障碍因子、转型路径与对策等方面的研究有待加强。

1.3　研究内容及技术路线

1.3.1　研究内容

本书以河南省煤炭资源型城市为研究对象，以绿色转型为目标，从资源、环境、社会、经济等角度全面分析河南省煤炭资源型城市转型的"经济—社会—生态"协调发展水平，利用 DEA 模型对比分析河南省煤炭资源型城市绿色转型效率及障碍因子，构建绿色转型发展动态预测模型，分析其转型状态，提出河南省煤炭资源型城市绿色转型的路径与对策，为我国煤炭资源型城市绿色转型发展提供理论支撑和决策参考。

第 1 章：从理论和实践两个层面阐述本书的选题背景和意义；归纳分析国内外煤炭资源型城市转型发展的相关研究，明晰本书的研究内容、方法及技术路线。

第 2 章：从生态经济学理论、城市生命周期理论、资源稀缺理论等方面阐释煤炭资源型城市转型发展的理论基础；分析河南省典型煤炭资源型城市的社会经济生态状况以及绿色转型中存在的突出问题。

第 3 章：基于区域发展生命周期、脆弱性、系统论和空间经济学等理论，从制度体系、结构构成、要素投入、生态建设四方面探究煤炭资源型城市绿色转型的驱动因子，从宏观、中观、微观三个视角阐述绿色转型驱动因子及联动过程，建立动态调整和城市生长周期差异化引导机制。

第 4 章：运用生态学、资源稀缺、生命周期和可持续发展理论，遵循客观性、系统性、易获取性等原则，立足于煤炭资源型城市绿色转型的"经济—社会—生态"协调发展水平，建立其绿色转型发展指标体系和评价模型。研究河南省煤炭资源型城市绿色转型协调发展水平。

第 5 章：综合经济、社会、资源和环境等因素，从投入产出两个方面提出城市绿色转型效率指标体系，构建河南省煤炭资源型城市绿色转型效率多维度评价模型，探明煤炭资源型城市绿色转型效率时空变化规律并辨识其障碍因子。

第 6 章：采用多目标最优决策函数构建目标决策约束条件下的绿色转型预测模型，选取代表性煤炭资源型城市，从目标区域生产、能源供需平衡、环境约束模块预测河南省煤炭资源型城市绿色转型趋势，实现经济增长、资源利用和生态提质增效等多重可持续发展目标。

第 7 章：基于煤炭资源型城市协调发展水平评价、转型效率诊断、转型发展预测分析，有针对性地提出河南省煤炭资源型城市绿色转型发展的差异化政策建议。

第 8 章：对本书研究内容进行归纳总结。

1.3.2 研究方法

(1) 文献研究法

通过中国知网、科学网（web of science）等平台搜集、梳理、总结国内外关于资源型城市绿色转型的有关文献资料，深入分析城市生命周期、生态系统、生态经济学等理论渊源，梳理当前研究现状、存在问题及未来发展趋势，并确定本论文的研究方向及研究内容。

(2) 系统分析法

资源型城市绿色转型包含社会经济、资源环境、科学技术等子系统，是一个比较复杂的系统工程。各子系统既相对独立、又相互联系，其不断变化影响着资源型城市的绿色转型。因此，各因子和各系统之间的长期相互作用导致了资源型城市的绿色转型，进而改变城市的发展方向。

(3) 社会调研法

对资源型城市绿色转型现状进行现场调查，分析总结当前面临的主要问题。同时，与研究资源型城市相关领域的专家学者进行面对面沟通交流，在充分征求意见建议的基础上，确定科学的评价指标体系及权重。

(4) 数据模型法

从复杂系统的研究视角，选取典型城市进行实证研究，以提升资源型城市绿色转型效率，促进资源型城市绿色转型，加强生态文明建设。

（5） 熵权 TOPSIS 法

又称为优劣解法，通过计算评价对象与理想解的接近程度，客观评价城市的"经济—社会—生态"协调发展度。

（6） 数据包络分析（DEA）

DEA 是一种对多个决策单元进行评估的方法，具有多输入和多输出的决策单元。运用线性规划对决策单元格的相对有效性进行评估，能够判断规模效率及效益、纯技术效率的方向。DEA 在处理多指针输入和多输出时有着明显的优势。

（7） DEA 交叉效率评价方法

在 DEA 理论指导下，按照优劣对决策单元进行排序，坚持公平与差异原则，制订评价方案，使所有决策单元的权重体系更具有公平性、科学性，通过与其他决策单元进行比较得到效率值矩阵，并进行处理，得到更加客观的计算结果，该方法弥补了传统 DEA 决策单元效率值为 1 的问题。

1.3.3 技术路线

本书从资源、环境、社会、经济等角度分析煤炭资源型城市绿色转型面临的问题和挑战，明确城市绿色转型的驱动因子及联动过程，阐明绿色转型驱动机理；构建基于熵权与理想点的城市绿色转型"经济—社会—生态"协调发展评价模型；研究提出绿色转型效率多维度分析模型及障碍因子诊断方法，建立目标决策约束条件下的绿色转型发展预测模型，提出城市绿色转型发展路径及策略。具体研究路线如图 1-1 所示。

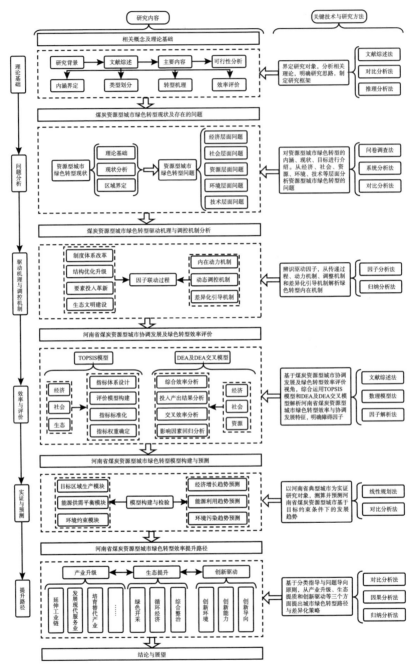

图1-1　研究技术路线

第2章 煤炭资源型城市绿色转型理论基础及研究区概况

2.1 基本概念界定

2.1.1 煤炭资源型城市

煤炭资源型城市是以煤炭资源开发为基础形成的，并且其煤炭工业目前或曾经在产业结构中占据主导地位的城市。目前，关于煤炭资源型城市的界定尚无统一标准，学术界通常从工业生产产值方面将以煤炭采选在本城市工业总产值中所占的比重大于或等于10%作为界定标准，也有把煤炭资源型产业的工作人口与工业工作总人口比率大于5%作为煤炭资源型城市标准。本书认为煤炭资源型城市应满足以下2个特点：开采利用煤炭资源发展起来的城市；煤炭产业的产值所占工业的总产值以及从业人口达到上述比例。

2.1.2　绿色转型

绿色转型是对传统工业发展方式的反思和超越，也是基于当前发展技术、基础条件和约束条件下，对未来经济发展的一种迫切需求[8]。太原市作为全国首家以地方立法形式推进绿色转型的城市，早在 2008 年出台《太原市绿色转型促进条例》，将绿色转型定义为以生态文明建设为主导，以循环经济发展为基础，以绿色管理为保障，以此转向可持续发展的发展模式，从而实现生态平衡、环境友好、资源节约，与社会和自然和谐发展[135]。借鉴此表述，本书认为，绿色转型是指发展绿色、低碳和循环经济，培育绿色产业，减少对生态环境破坏，在区域内社会、经济、环境三者之间实现高度协调与可持续发展，从而更好促进人与自然和谐共生。其主要内容是从传统发展模式向绿色发展模式的转变，从人与自然分离、经济、社会、环境分离的传统发展模式，向人与自然和谐相处、协调发展的新形态转变。

2.2　相关理论分析

2.2.1　资源稀缺理论

有限的资源供给与无限的人类需求之间的矛盾是人类社会的根本矛盾之一[136]。一方面，人的自然特征和社会特征决定了人有不同的需求，如生存需求、发展需求，经济需求、精神文化需要等，这些需求构成了复杂的需求结构[137][138]。另一方面，资源具有有限性和不平衡性。资源的有限性也称为稀缺性，即相对于人们相对无限的需求而言，满足人们需求的产品和服务所需的自然资源并不总是充足的[139]。不平衡性一般涵盖资源分布不平衡和资源供给与需求之间的不平衡。不同地区、不同国家的资源分布有别，资源类型种类差异较大，当需求需要得到满足时，人们必须作出选择、设定优先级。总之，结构和分布的不平衡导致每一个体和群体都面临资源稀缺的问题，从而产生资源风险。

资源的稀缺性是人类自身"创造"出来的。随着人类更高质量的需求不断增加，而这种需求本身就会面临各种时间、地点和资源的限制，所以人们不断地给自身制造更多更大的需求，再努力去克服困难解决这些问题。正是由于稀缺性的存在，才决定了人们在使用经济物品中不断做出选择，如决定利用有限的资源去生产什么，如何生产，为谁生产以及在稀缺的消费品中如何进行取舍及如何用来满足人们的各种需求。这就要求社会经济活动要遵循以最少的资源消耗换取最大的经济利益[140][141]。

2.2.2　生态系统理论

生态系统指在自然界一定时间空间内生物与环境构成的统一整体，是生态理论和系统理论相结合产生的[142]。生态是生物与环境关系的反应，随着对这种关系的深入研究，其研究成果逐渐呈系统化、理论化，促使了生态学学科的出现。系统是自然界物质乃至一切事物千丝万缕联系总和。系统可以是有生命的或无生命的、物理的或虚拟的。系统的各个组成部分间既相互作用、又相互制约，不断地进行信息传递、物质交换与能量转移。此外，系统构成组合方式会随着时间而变化，在足够的时间内，任何系统都将处于变化状态。

城市生态系统指的是城市居民和周边环境相互作用而产生的，具有一定功能的网络结构，是人类在改造和适应自然环境的基础上建立起来的特殊人工生态系统[143][144]。城市生态系统包括自然系统、经济系统和社会系统，是一个复杂的复合生态系统。其中，自然系统如水、土壤、空气和生物等基本物理要素；经济系统包括经济活动的各个环节；社会系统包括人类社会、文化活动、社会结构等要素，反映人与人、个人与群体、群体与群体之间的各种相互作用[145]。由此看来，城市生态系统是具有自然生态系统基本特征的特殊的生态系统，同时其也是以人类作用为主导的复合生态系统，具有人工生态系统主要属性[146]。城市生态系统受到人类和自然的双重驱动，物质与能量流通量大，开放程度高，依赖性强，且自然多组分的自我调节能力较弱，容易出现生态环境问题。

美国科学家小米勒认为生态系统存在多效应原理、互相联系原理和无干扰原理，具体包括我们的所有行为都不是孤立的，对自然界的所有破坏都会产生无数的效应，且很多具有不可预料性；事物与事物之间存在相互交叉相互融合的关系；人类生产制造的任何物质都不能干扰到自然的生物循环[147]。人类社会可持续发展的本质就是实现人类活动与生态环境、经济社会、文化环境等关系间相互协调发展的状态。生态系统理论是把人类活动作为主导、把要素流动作为命脉，把资源环境作为支撑、把体制机制作为纽带的人工生态系统，并综合城市发展进程中面临的各类问题，这正是我国目前资源型城市高质量发展急需关注和解决的。因此，不断提升城市居民保护生态环境的观念意识，大力应用生态系统理论知识指导人类实践活动，从而更好建设和谐美丽的人居环境[148]。

2.2.3 城市生命周期理论

早在 20 世纪 80 年代，美国学者就提出了城市生命周期理论，他认为城市发展与生物的成长阶段比较类似，都将经历出生期、成长期、成熟期与衰落期等阶段[149]。在每一个阶段中，城市的内外作用因子共同作用于城市的发展，一个城市的生命周期往往取决于驱动因子在不同生命周期共同叠加的作用结果。假设城市发展受到某一单个驱动因子的作用影响，城市生命周期将与该因子作用的生命周期相匹配。如果受多重驱动因子的复杂影响，在不同的生命周期影响因子驱动下的城市发展状态将呈现螺旋上升趋势，即 S 型模式[150]。

在发展初期，资源型城市发展水平与其资源的丰富程度和采矿条件密切相关，严重依赖资源开发和初级加工。在这一时期，经济发展相对缓慢。随着资源的大规模开发，投入趋于稳定，产出快速上升。丰富的资源推进经济呈现快速增长，使得劳动力、技术、资金等生产要素不断集聚。资源型城市的产业性质和产品特征与其所依赖的资源类型密切相关。资源型城市的发展经历了一个调整期，随着资源的开采、加工及生产，资源生产规模得到迅速扩张，资源产量也得到快速增长。此时规模效应促进资源开采成本降低，经济效益不断提高，资源开采企业进入了稳定发展的繁荣期。当资源开发处在高峰期时，其产业发展到达顶峰，城市规模逐渐稳定，其发展难度不断加大，各方管理成本和生产成本开始增加，产业效益增速放缓，甚至出现小幅下降。到后期，由于资源日益枯竭、生态环境遭到破坏以及个别产业结构调整，资源型产业开始萎缩，产业效益不断下降，资源型城市的竞争力也随之开始降低，逐步进入衰退期。加之该资源具有不可再生性，所以从资源型城市兴起的初期，就应该时刻高度重视资源型城市如何能够保持可持续发展这一重要问题，如图 2 - 1 所示。

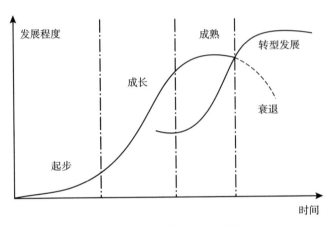

图 2 - 1　资源型城市生命周期

基于生命周期理论，通过规划、政策、经济等方式对资源型城市的资源禀赋、生态环境质量、经济结构、产业发展水平等因素进行有效的优化调控，促进资源型城市产业转型与可持续发展[151][152]。

2.2.4　可持续发展理论

20 世纪 60 年代以来，很多学者对现代城市发展路径产生过诸多疑虑，人们逐渐认识到西方现代工业文明的发展路径及模式并不能很好实现持续发展的问题。迫切需要对以往发展道路进行认真反思和重新评估。1987 年，世界环境与发展委员会发表的《我们共同的未来》报告中提出的可持续发展的战略目标，是新的发展理念诞生的重要标志之一。该报告将"既满足当代人类发展的同时，又不损害后代为满足自身发展需要的能力"作为可持续发

展的定义。此外，联合国环境与发展大会中通过的《21 世纪议程》
又是一个重要转折点，标志着可持续发展由理论到实践的转
变[153]。1994 年 3 月 25 日经国务院第十六次常务会议审议通过的
《中国 21 世纪议程》，议程中指出"中国在未来以及下世纪发展的
必然选择是走可持续发展之路"；1996 年 3 月，《中华人民共和国
国民经济法"九五"计划和 2010 年远景目标纲要》中明确把"实
施可持续发展，推进社会主义事业全面发展"作为中国发展的战
略目标。

　　实施可持续发展战略的目标是使社会具有长久发展的能力，
使人类可以在地球上持续生存和繁荣。可持续发展的基本范式是
人与自然环境的和谐相处。自然系统作为生命的基本支持系统，
一旦失去稳定，所有生物将难以生存。实现可持续发展的前提是
将自然资源进行循环利用，因此，资源节约是关键，这就要求对
不可再生资源的开发和利用进行限制，对于可再生资源的开发速
度控制在其更新率之内，通过提高资源利用效率来实现经济增长
的目的。

　　可持续发展理论即为上一代对（用于生产、生活的）资源的
开发和利用不能影响后代人（继续进行开发）的利益，要在发展
方面实现时间上的延续性，实现发展的代际平衡[154]。首先，可持
续发展是全社会共同面临的全球性问题，需要社会所有成员、不同
国家达成共识，目标一致，利益一致，方法协调，确保利益兼顾。
其次，由于不同地区的发展模式不同，要协调和消除不同发展模式
中的意识形态和利益冲突，求同存异，加强合作交流，以实现经济
增长、社会公平和环境友好。最后，鉴于整体资源的限制，要加大
人力资本投入和科技创新，以替代自然资源，将资源型产业转变为
技术型产业。在节约的同时寻找和开发替代能源，不仅可以提高效
率，还可以改善环境。

对于煤炭资源型城市来说，谋求可持续发展就需要在利用煤炭资源的技术手段上实现创新[155]，在生态环境可承受的基础上，依靠科技进步和创新来提高经济活动效率，同时在产业政策的制定上兼顾现实经济性和长期可持续性，最终追求资源型城市社会的全面发展。

2.3　煤炭资源型城市转型发展的挑战

2.3.1　生态环境破坏突出

资源开采与生态环境建设的矛盾在煤炭资源型城市转型过程中尤为突出。据有关部门统计，我国 21 世纪需消耗的煤炭数量将是 20 世纪的两倍之多。中国现有煤炭开采量已连续多年位居世界前列，年产量达到世界总量的一半以上，而中国的探明煤炭储量仅居世界第三位，人均煤炭资源占有量相对较低[156]。

一方面，煤炭过度开采是煤炭资源型城市面临的主要压力之一。煤矿是经历了复杂的历史变化和地壳运动后形成的，属于典型的不可再生资源，煤炭总体储量有限，人类社会对煤炭资源日益增长的需求导致煤炭的可使用量逐年下降。另一方面，我国以煤炭资源为主的城市的生态环境普遍较为脆弱，生态承载能力偏低，不同程度地出现"荷兰病"。生态环境问题与其他问题相比，具有不可逆转性和堆积缓慢性等特点。在煤炭开发初期，环境问题基本不会显现出来。随着进入成熟期，环境生态问题可能将面临大规模的集中爆发，此时因资源枯竭因素，煤炭企业经济效益也将逐渐下降。生态环境的治理问题与城市经济产业结构的转型升级形势日益严峻。在这种形势下，煤炭资源型城市如再想突破发展中困境，转型难度和代价将成倍加大。比如，山西省共有 13 个煤炭资源型城市，其中有 10 个是在成熟期，正处于转型发展的关键时期。近年来，随着山西省煤炭资源不断开发，为山西省带来巨大经济利益的同时，也为此付出了巨大而沉重的生态环境代价。比如，露天开采、土壤流失、井下开采引起的地表沉降和裂缝将破坏生态环境，导致土地和地形地貌改变、影响水分条件和植被生长，进而引起生态景观持续恶化[157]。此外，开采沉陷也已经导致矿区大面积土地出现盐碱化，这加剧了西部矿区的土壤侵蚀和荒漠化。据统计，山西省每开采 1 吨煤炭需要耗掉 2.48 吨水，每年造成的环境损失高达 113.42 亿元[158]，煤炭城市面临着严重的水资源短缺、地表下沉等次生灾害影响。其中还未估算对城市居民生产生活及身心健康等方面的损失。此外，煤炭开采带来的经济效益并没有完全得到公平分配，经济总量虽然得到持续增加，但对提高人均收入方面的促进作用相对较小，突出表现为人均 GDP 增长速度较快，城市居民现实消费水平和人均实际收入的增加不够显著，人均收入存在虚高现象。

2.3.2　社会矛盾日益加剧

随着煤炭行业所谓"黄金时期"的不复存在，煤炭资源日益减少以及产业链出现问题导致大量煤炭产业工人下岗[158]。接续替代产业的工作岗位供给能力存在不足，使得再就业困难问题日趋严重，失业人口数量不断增加，导致就业形势更加严峻。由于煤炭资源型城市资源枯竭问题，煤炭企业为压缩生产成本，需要进一步缩减员工人数来维持企业利润。与此同时，这些失业员工知识水平和文化程度普遍较低，从业技能相对单一，加之部分失业人员固有的择业观念存在偏差，过于依赖煤炭企业，再就业目标类型往往还是原相关行业，选择在新行业就业的意愿普遍偏低。此外，以往退休工人生活保障的福利待遇较好，这在思想观念上限制了失业人员再就业的主动性。这些情况促使劳动者难以从传统经济体制下，依赖政府安置的固有思想中走出来，对劳务输出型就业的偏向较小，员工不愿意离开原生活地域到陌生的新环境中重新择业。因此，导致失业家庭经济收入无法得到保证，进而出现经济发展困难，产生一系列民生问题，在一定程度上加剧社会矛盾，增加社会不稳定性。

2.3.3　产业结构转型困难

在长期的历史过程中，以往以煤炭资源为主导工业的城市已经形成独特的煤炭产业布局。这些城市在产业结构上的一个重要特征表现为第三产业发展滞后，这种情况在单一产业结构的煤炭资源型城市中普遍存在[159]。这也导致煤炭资源型城市的经济发展动能不足，抗风险能力相对较差和发展后劲不够。2008年至今，由于全球金融危机和新冠病毒疫情的深刻影响，世界范围内的经济活动和贸易来往受到较大限制，导致各国对工业原料的需求下降，煤炭等资源价格持续回落，这对煤炭资源型城市工业发展造成了较大冲击。因此，要想优化"一业独大"的产业结构格局，一是煤炭产业所占工业产值的比重应逐年降低；二是应因地制宜地振兴当地传统产业，如旅游业、农业、食品加工业等；三是积极发展互联网高科技新兴产业[160][161]。21世纪是网络信息化高速发展的时代，煤炭资源型城市发展应当顺应时代潮流，利用现代信息技术率先转型才能实现持续发展。目前高污染、高消耗的产业已经逐渐被高环保、高技术的产业所替代，如光伏发电、风能发电、电动汽车等产业蓬勃发展，对过度依赖资源的高能耗产业形成巨大冲击。

我国煤炭资源型城市受地理位置、产业基础、资源类型、发展状况等因素影响，其产业结构及发展特点不同，导致转型发展战略和方向存在巨大差异[162]。以煤炭资源为主的城市，必须立足各自战略发展方向和阶段特点来设计符合自身转型实际的发展策略，并借鉴吸收其他城市转型的经验做法[163]。在国家宏观发展战略的大前提下，越来越多的煤炭资源型城市逐步进入转型发展阶段，接续替代产业日益发展壮大、工业产品的产业链得到进一步延伸，可持续发展的能力逐步提升。比如，西部地区的陕西省铜川市目前处于发展的衰退期。但该城市一方面努力拓展传统产业的产业链，加快推进转型升级和发展循环经济的步伐。另一方面，循序渐进地培育支持一批装备制造、食品加工、文化旅游等接续替代产业，同时支持中医药健康产业，逐步实现了当地产业多元化的协调发展。中部地区的河南省鹤壁市把打造红色旅游作为转型引领方式，积极推广发展休闲旅游产业、网络经济等现代服务业，多方发力共同促进城市可持续发展。东部地区的浙江省湖州市积极开发一系列创新技术和创新资源，大力发展以生物医药、现代化物流装备制造、节能环保为主导的三大产业，以特色促进该城市实现跨越式发展，不断打造城市经济新的增长点。

2.3.4　局部环境污染严重

随着经济发展水平的不断提高，人们对高质量的生活方式展示出越来越高的需求，特别是人们对高质量生态环境的需求日趋强烈，越来越受到社会各界的广泛关注。因此，诸如煤炭类等高耗能产业的原材料及其燃料供给问题成为城市环境污染治理的重要目标之一[164]。选取煤炭资源型城市的典型省份，把单位工业增加值所排放的二氧化硫含量作为环境污染指标，发现 2010~2016 年全国及典型省份单位工业增加值二氧化硫排放量呈下降趋势，如图 2-2 所示，年均下降 12.55%。从典型省份来看，山西、云南等地单位工业增加值所排放的二氧化硫含量远超全国水平。云南从 2011 年开始持续下降，山西省的波动情况较为明显，河南、河北、辽宁等省份单位工业增加值所排放的二氧化硫含量与全国基本持平，变化趋势基本一致。由此可知，在一定程度上反映了煤炭资源型城市的污染物排放量正在逐步减少，工业提升效率逐步提高。随着国家不断增大生态环境治理力度，污染物排放受到严格控制，生态环境得到较大改善。

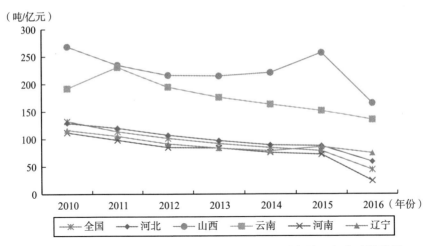

图 2-2　2010~2016 年全国及典型省份单位工业增加值二氧化硫排放量

资料来源：各省统计年鉴。

2.3.5　民生福祉亟待提高

煤炭资源型城市的绿色转型应始终坚持以人民为中心的工作理念，重点满足民众在就业、医疗、生活保障等方面的现实需求，通过加大民生投入，提高生活质量，促进社会经济实现可持续发展。产业工人的经济来源主要依靠于煤炭资源及其相关产业，提高和保障民众生活质量的关键是就业问题，尤其是对以煤炭资源为主的资源型城市更是如此。但由于煤炭资源的日益减少，新增就业岗位供给不足，失业问题逐渐成为制约煤炭型资源城市转型发展的重要因素之一。以河南省焦作市为例，该市是一个处于衰退期的煤炭资源型城市，2016年至今当地旅游业蓬勃发展，2016年末第二产业从业人员约99.26万人，与2015年相比增加1.67万人，占总就业人数39.68%。城乡居民的收入得到平稳增长[166]。江苏省徐州市在转型发展过程中，不断创新产业技术，大力引进高端人才，推动旅游业发展，加大生态环境建设，2020年城镇和农村人均可支配收入分别比上一年增加了9.0%和9.3%[167]。可见，徐州市坚持将科技创新作为促进城市转型发展的驱动力，推动城市经济结构不断优化，使社会和民生保障能力得到逐步提升。

2.4 研究区概况与数据来源

2.4.1 煤炭资源型城市发展概况

河南作为中国主要产煤省份之一，煤炭资源总量较为丰富，品种较为齐全。含煤地层分布广，成煤地质时代多，煤层赋存条件相对好，煤种种类齐全。全省135个市、地、县中，有70多个有煤炭资源赋存，煤系地层总面积达62815平方千米，占全省总面积的37.6%。2018年，河南省煤炭保有量为617.78亿吨，全国排名第六位。河南储量煤种较全，以焦煤、无烟煤为主，分别占资源总量的 70.53% 与 28.98%。据统计，从新中国成立至今已累计提供 28 亿吨商品煤，连续 20 年原煤产量均在全国前列[168]。河南煤炭资源作为重要力量有力支撑着当地经济社会发展，在全国能源供应中占据着重要地位。

河南省煤炭资源大多分布在京广、陇海和焦枝铁路沿线，交通运输十分方便。在京广铁路以西、伏牛山以北的广大豫西地区，已经探明的有陕渑、义马、新安、宜洛、偃龙、荣巩、新密、登封、临汝、禹州、平顶山、韩梁 12 个煤田。煤炭储量占全省储量的 46.43%。平顶山煤田被称为中原煤仓，是中国现有三大煤炭基地之一。在豫北地区有安阳、鹤壁、焦作等煤田，煤炭储量占全省的 29.49%。其中焦作煤田的优质无烟煤，名扬中外。豫东地区的永夏煤田，煤炭储量占全省储量的 22.53%。豫南地区煤炭资源较少，仅有南召、确山、商固 3 个小煤田，储量都很小，仅占全省储量的 1.55%。此外，在豫西的卢氏、灵宝、栾川等地，尚赋存有部分褐煤。内乡、淅川、栾川等地，有少量石煤。京广线以东的濮阳、太康等地尚有多处预测含煤区。

综上所述，河南省煤炭资源比较丰富，主要分布于豫北、豫西和豫东地区，拥有鹤壁、焦作、义马、郑州、平顶山和永夏六大矿区，涉及焦作市、鹤壁市、平顶山市、三门峡市等多个城市。按照《全国资源型城市可持续发展规划（2013～2020 年）》划分类型，河南省煤炭资源型城市有成长型 2 个、成熟型 7 个、衰退型 3 个和再生型 3 个。依据典型性和代表性原则，本书拟选取平顶山市、鹤壁市、焦作市、登封市、三门峡市、永城市、宜阳县、安阳县 8 个典型的煤炭资源型城市作为研究对象，这些城市涵盖《全国资源型城市可持续发展规划（2013～2020 年）》中我国资源型城市中成长型、成熟型、衰退型和再生型所有类型，如表 2-1 所示。

表 2－1　　　　　　　　河南省典型煤炭资源型城市及分类

类型	成长型城市	成熟型城市	衰退型城市	再生型城市
城市	永城市	三门峡市、鹤壁市、平顶山市、登封市	焦作市	宜阳县、安阳县

（1）永城市概况

永城市是河南省辖县级市，由商丘市代管。地处河南省最东部，位于豫鲁苏皖四省接合部，素有"豫东门户"之称。永城煤炭资源十分丰富，全市储煤面积 1328 平方千米，地下煤炭资源储量 63.9 亿吨，可开采储量约 50.45 亿吨，永夏煤田是全国六大无烟煤基地之一，也是国家发改委确定为全国七大煤化工基地之一。永城目前有 8 对矿井投入使用，年均原煤产量约为 2300 万吨。截至 2018 年，永城市已发现的矿种 17 种，已查明资源储量的矿种 10 种，已开发利用的矿种 7 种。其中，能源矿产 1 种，非金属矿产 6 种。当前永城立足现有工业基础，依托永煤集团和神火集团两大企业，围绕传统优势的煤炭资源，着力拉长延长"煤—电、煤—电—铝—铝制品加工、煤—煤化工—精细加工、煤—电—建材"四大产业链条，突出发展四大特色支撑产业。同时积极发展新型干法粉煤灰水泥、矸石水泥和粉煤灰空心砖等基于煤炭资源的新型墙体材料，形成了一批特色产业园区。

（2）三门峡市概况

三门峡市位于豫晋陕三省交界的黄河南金三角地区，有"五山四岭一分川"之称，西接关中，北邻三晋，东守中原。三门峡市矿产资源丰富，已发现矿产地 413 处，其中大型矿床 27 处，中型矿床 56 处，小型矿及以下矿床 320 处。发现矿产 66 种，提交的资源储量 50 种，主要有贵金属、黑色、有色、稀有、放射性等金属矿产。黄金、铝土矿和煤炭是三大主要矿产资源。其中，煤炭查明资源储量14.87亿吨，保有量10.41亿万吨，主要分布于义马市、陕州区境内。

（3）鹤壁市概况

鹤壁市位于河南省北部，地处太行山与华北平原的过渡地带，属温带半湿润季风气候，四季分明，全年日照充足，四季温差大。鹤壁煤矿资源十分丰富，煤矿质量好，易于开发。鹤壁已探明矿床约30种，其中煤炭资源占矿产资源比重最大，其次是天然气、白云石、石英砂岩等矿产，是比较典型的煤炭资源型城市。城市发展长期依赖于煤矿资源，城市建设很长一段时间延续着"城矿一体化"的发展模式，工业结构仍与煤炭资源有着密切关联。

（4）平顶山市概况

平顶山市地处河南省中南部，属大陆性季风气候，全年日照充足，无霜期长，降水充足。该市位于豫西山区与淮河平原的过渡地带，总面积约为7882平方千米。平顶山市是因煤炭资源的开发而兴起的城市，是河南省重要的能源工业基地。该市煤炭资源占河南省已发现煤矿总数的54%，储煤量高达31.59亿吨，其地位在河南省举足轻重。因长期不合理的开采，造成煤炭资源枯竭，成为全国资源枯竭型城市之一。预计将来会有大量矿山将被报废，这也表明平顶山市的可持续发展将面临巨大的转型压力。

（5）登封市概况

登封市隶属河南省郑州市，地处中岳嵩山南麓，位于中原腹地。登封市境内先后发现和探明的矿种有40余种，其中金属矿产10种，煤炭占据较大比重。登封煤田，横跨登封、伊川、汝阳、汝州、新密等市县，属石炭二叠纪煤田，可采煤和局部可采煤共 7 层，煤炭储量近 20 亿吨。

（6）焦作市概况

焦作市是河南省辖地级市，矿产资源分布具有类多、质好、量大的特点，勘探发现的矿产资源有 40 余种，占河南省已探明矿种 25%，其中优质煤储量高达 32.4 亿吨。焦作市因煤而生、依煤而兴，是河南省煤炭资源开发最早的城市，在全国也是较早开发煤炭资源的地区。作为一个典型的煤炭资源型城市，焦作市煤炭工业带动城市发展、促进城市建设的同时，在一定程度上也限制了该市的可持续发展。随着煤炭资源不断枯竭，该市早在 20 世纪 90 年代即开始向旅游业转型的探索之路。2006 年，焦作市被列为国家首批 12 个资源枯竭城市之一。

（7）宜阳县概况

宜阳县隶属于河南省洛阳市，位于洛阳市西部。宜洛煤矿位于洛阳市区西南，宜阳县境内，距洛阳市 35 公里，是洛阳市煤田主要分布区和主要生产区之一。宜洛煤矿毗邻县城，南依锦屏山，北临洛河，山清水秀，风景优美。该矿拥有煤矿铁路专用线，同时也与陇海铁路、焦柳铁路和郑卢公路、洛宜公路交错贯通，交通十分便利。其中，主要的宜洛煤矿有着 60 多年开采历史，生产煤种为焦煤，发热量在 5200 大卡左右，质量稳定，主要用于电力行业。截至 2018 年底，矿井地质储量为 1536.2 万吨，可采储量为 833.5 万吨。

（8）安阳县概况

安阳县隶属河南省安阳市，县境南与汤阴县、鹤壁市毗邻，北与河北省磁县、临漳县、涉县隔河相望，西与北关区、文峰区接壤，东与内黄县相连。安阳县是中国首批重点煤炭生产县之一，县城西部浅山和丘陵区煤炭资源储量丰富。安阳煤田分布于安阳、林县境内，部分跨入河北省磁县境。北至漳河，南与鹤壁煤田以王家岭煤矿分界，为石炭二叠纪煤田。安阳煤田已勘探井田 10 处，建成岗子窑、积善、铜冶、王家岭、龙山、红岭、果园 7 个矿区，另有浚县安林煤矿、涧西矿、安阳煤矿等矿区。

2.4.2 经济发展现状

基于河南省煤炭资源分布情况以及该研究的科学性合理性，选取了典型的河南省八个煤炭资源型城市作为研究区。从经济、生态环境以及社会发展三个角度来分析所选的研究区的发展现状。

研究选取人均 GDP、工业增加值等经济指标。

第一，人均地区生产总值，又称为人均 GDP，是常用来衡量经济发展状况的指标，也是最重要的宏观经济指标之一。

登封市人均 GDP 要明显高于其他 7 个城市，并且增幅比较大。特别是自 2005 年起，人均 GDP 以一个较大的增幅稳步提高。对于登封市，人们认为它更多是一个旅游资源丰富的城市，但其经济社会发展也具有较强实力。其次是三门峡市，2005～2010 年呈显著增长趋势，2010 年之后增幅逐渐趋于平缓。

焦作市是一个很有代表性的衰退型煤炭资源型城市，煤炭工业发展矛盾依然存在。这一点也充分反映在人均 GDP 折线图上，其中 2010～2015 年这一阶段是发展低谷期，2015 年之后焦作市人均 GDP 增速较快。

相对而言，鹤壁市人均 GDP 增速比较平稳，但 2015 年之后增速有所减缓。宜阳县东依洛阳市区，2000 年宜阳县人均 GDP 低于平顶山市，但经过近 20 年发展，两地的人均 GDP 值逐步趋于一致，平顶山自 2010 年起增势较缓。

安阳县人均 GDP 在 2005～2010 年这一阶段增长速度较快，但 2010～2015 年增势较为平缓，甚至 2015 年之后呈现出下降态势，如图 2-3 所示。

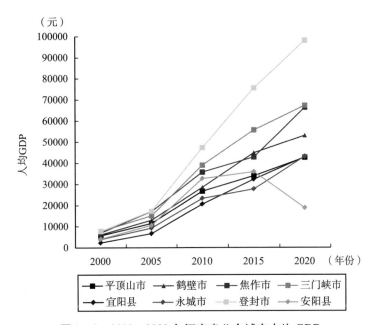

图 2-3　2000～2020 年河南省八个城市人均 GDP

资料来源：各行政单位统计年鉴。

第二，工业增加值是国民经济成本核算的一项重要基础指标。各部门增加值之和就是国内生产总值（GDP），反映的是一个国家（地区）在一定时期内所生产的和提供的全部最终产品与服务的市场价值总和，同时也反映了生产单位或部门对国内生产总值的贡献。建立增加值统计，有助于为计算国内生产总值提供基本依据，同时也是建立资金流量的基础之一。

如图 2-4 所示，焦作市工业增加值在 2000～2020 年这一时间段内相对其他七个城市增速较大；平顶山市工业增加值波动上升，值得注意的是 2010～2015 年，平顶山市工业增加值出现低迷态势，然而在 2015 年后开始增幅变大；三门峡市、鹤壁市工业增加值整体呈现上升趋势，相对来说三门峡市工业增加值增速快于鹤壁市，并且在 2010～2015 年这一个时间段内，工业增加值反超了平顶山市。

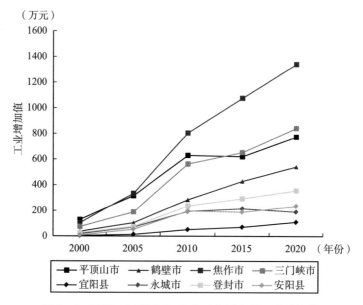

图 2-4　2000～2020 年河南省八个城市的工业增加值

资料来源：各行政单位统计年鉴。

登封市、永城市、安阳县以及宜阳县工业增加值增速平缓，尤其是宜阳县工业增加值增速非常平缓，增值最高峰也仅达到 200 亿元。

2.4.3　生态环境发展现状

自从习近平总书记提出"绿水青山就是金山银山"的理念，特别是党的十九大报告中再次明确"坚持人与自然和谐共生，必须树立和践行绿水青山就是金山银山的理念"之后[169]，在河南省经济社会发展过程中，各市区都在积极推进绿色发展和绿色城市建设，对所辖城区、农村、景区和公路进行大规模绿化，并且实施了一系列绿色工程，建立了一批国家森林公园、湿地公园、卫生城市和文明城市，取得了较好的发展成效。但目前城市建成区绿化覆盖率较低、生态环境建设水平总体偏低的问题在一定程度上依然存在。

总体来看，河南省典型煤炭资源型城市的建成区绿化覆盖率呈波动上升。永城市从 2000 年的 5.9% 到 2020 年的 41.9%，波动幅度最大。平顶山市、三门峡市以及鹤壁市这三个城市相对来说增幅居中，其余四个城市绿化覆盖率变动较小，如图 2 - 5 所示。

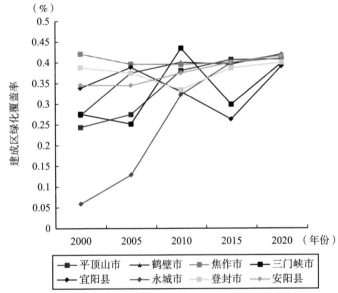

图 2 - 5　2000 ~ 2020 年河南省八个城市的建成区绿化覆盖率

资料来源：各行政单位统计年鉴。

煤炭资源型城市经济快速发展的同时，伴随着生态环境日益被破坏，频繁出现各种环境问题。由于多方面原因，每个城市在环境保护方面的做法和成效存在较大差距。比如，鹤壁市在 2020 年的建成区绿化覆盖率达到最高为 42%，大于其他六个地区，这得益于鹤壁市政府对城市建设和城市发展的统筹规划。后续对于绿化覆盖率变化不明显或者起伏较大的城市，更有赖于当地政府的规划推进。

目前，人类的生活和生产活动仍然离不开燃煤，这直接导致二氧化硫排放量始终处于较高水平。尽管近年来生态环境部门加强对二氧化硫排放监控，不断完善二氧化硫处理技术，但是由于城市发展需要，不少煤炭资源型城市在开采和生产中还是会持续产生二氧化硫及相关排放物，增大了城市二氧化硫排放系统的压力，同时也污染了生态环境。因此，完善二氧化硫排放系统、降低城市二氧化硫排放量成为各界关注的重要方面。

从 2000～2020 年地均二氧化硫排放量来看，8 个煤炭资源型城市二氧化硫排放总量差距较大，但均已不同幅度降低。地均二氧化硫排放量与城市人口总数息息相关，具有较大人口基数的平顶山市和焦作市地均二氧化硫排放量在 2000～2005 年这一阶段都大幅减少，并在后期稳步降低排放量，如图 2－6 所示。

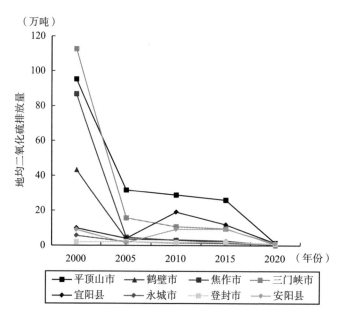

图 2－6　2000～2020 年河南省八个城市的地均二氧化硫排放量

资料来源：各行政单位统计年鉴。

三门峡市和鹤壁市地均二氧化硫排放量趋势大致相同，2005年呈现出最低地均二氧化硫排放量，2005年后排放量开始波动性增加，主要原因是城镇化与工业化的蓬勃发展。

登封市地均二氧化硫排放量最低，煤矿资源企业是其重要经济支撑之一，但在环境污染防治攻坚战中，登封市取得良好成效，2019年排在郑州6市（县）2区的第一名，空气质量综合指数为5.303。

2.4.4　社会发展特征

城镇化快速发展带来了大量的就业机会，城市从业人员逐渐增加。2000年河南省的8个城市平均从业人员为111万人，经过多年发展，至2020年河南省8个煤炭资源型城市的平均从业人员在130万人。

平顶山市从业人员一直居于第一位，其次为焦作市、三门峡市和鹤壁市。焦作市从业人员平均增长较快。相比之下，鹤壁市从业人员增长较为平缓，2005年从业人员低于2000年从业人员。

在县区层面，登封市从业人员相对来说增速较快，这也与登封市作为郑州省会辖区的经济带动较大密切相关。并且近些年来登封市多种产业全面发展，经济水平不断攀升带动了就业水平，提高了当地居民的生活水平，如表2-2所示。

表 2-2　　　　河南省八个煤炭资源型城市平均从业人员　　　单位：万人

年份	平顶山市	鹤壁市	焦作市	三门峡市	宜阳县	永城市	登封市	安阳县
2000	291.7	79.2	185.2	120.6	17.81	83.03	35.16	73.79
2005	295.53	78.57	184.50	123.28	39.99	88.71	42.52	63.92
2010	252.14	86.40	210.14	129.60	41.63	90.42	46.9	63.43

年份	平顶山市	鹤壁市	焦作市	三门峡市	宜阳县	永城市	登封市	安阳县
2015	259.43	100.00	245.80	139.33	42.36	104.32	53.54	63.41
2020	327.90	102.79	238.46	141.71	44.11	98.39	54.6	35.15

资料来源：各行政单位统计年鉴。

由于在开采初期有着采浅矿、弃深矿、采富矿、弃贫矿等不良的粗放式开采行为，煤炭资源型城市发展造成大量矿产资源浪费，也为后期生态环境治理带来隐患。比如，焦作国有煤矿时常出现无煤可采的情况，平顶山市受特殊环境条件的影响造成了更为严重的环境问题，采矿沉陷区不断涌现也成为城市发展的障碍。煤炭资源型城市是以煤炭资源为地区支柱产业而发展起来的城市，由于煤炭资源不可再生性和开采过程中的粗放性理念，传统煤炭资源型城市的通病逐渐暴露，社会矛盾不断激化。为了保持城市永续发展，探索资源型城市转型升级路径是实现跨越发展的迫切要求和社会经济高质量发展的战略目标。

2.4.5 数据来源

本书基于国务院 2013 年印发的《全国资源型城市可持续发展规划（2013～2020 年）》，选取河南省 2000～2020 年的 8 个煤炭资源型城市（平顶山市、鹤壁市、焦作市、三门峡市、宜阳县、永城市、登封市、安阳县）。依据文件内容，三门峡市、鹤壁市、平顶山市和登封市属于成熟型，永城市、宜阳县属于成长型城市，安阳县属于再生型城市，焦作市属于衰退型煤炭资源型城市。本书数据均是从中国知网、年鉴统计网站或当地统计部门借阅的相关年份《中国城市统计年鉴》《河南统计年鉴》《平顶山统计年鉴》

《鹤壁统计年鉴》《焦作统计年鉴》《三门峡统计年鉴》《洛阳统计年鉴》《登封市统计年鉴》《安阳统计年鉴》《永城统计年鉴》《河南六十年》等资料中获取。原始数据需要进行进一步标准化处理，再进行数据分析研究。本书采用的数据分析软件主要有 SPSS、Excel、MATLAB 等软件。

空气质量优良率，依据的是《中国环境统计年鉴》《河南省环境状况公报》中空气质量等级，采用赋值法进行量化。经向相关专家进行咨询，将优、良、轻污染、中度污染、重度污染、严重污染的空气质量分别赋予 1.0、0.9、0.8、0.6、0.4 和 0.2 的分值进行量化。

生态用地比重，根据 LandsatTM/ETM + 土地利用数据产品提取的各市生态用地面积与该地区土地总面积计算。

能源产出率为复合指标，研究中所取单位 GDP 能耗均值，其中 GDP、综合能源消耗量、全年用量均取自当年度《河南统计年鉴》和相关城市年鉴。

第3章 河南省煤炭资源型城市绿色转型驱动机理与调控机制

　　煤炭资源型城市绿色转型是一项长期而复杂的系统工程，不仅受制于外部环境因素影响，更受制于转型自身关联因素的驱动和调控。本章基于生命周期理论、系统论、脆弱性理论和空间经济学等理论，从宏观、中观、微观三个不同视角提出制度体系、结构构成、要素投入和生态建设等驱动因子。具体而言，制度体系是从政府调控对煤炭资源型城市绿色转型影响途径方面提出，主要包括行政制度、经济制度、文化制度和社会保障等；结构构成主要包括空间结构、能源结构、产业结构以及代替性产业等方面，是反映煤炭资源型城市存在先天性地理结构与资源禀赋差异；要素投入则是从支撑煤炭资源型城市绿色转型的各类生产要素方面进行诠释，主要包括劳动力质量、科技创新、自然资源和资金供给等方面；生态建设是反映新发展理念下生态文明建设基本国策，包括宏观的空间规划、生态环境治理和资源高效利用。在此基础上，从宏观、中观、微观三个视角探讨绿色转型发展驱动因子的联动过程，梳理四个驱动因子通过压力、内动力、支撑力以及保障力传导形成的内在驱动机理，明晰绿色转型的内在逻辑框架和差异化调整机制，揭示河南省煤炭资源型城市绿色转型的驱动机理与调控机制。

3.1　煤炭资源型城市绿色转型驱动因子

煤炭资源型城市绿色转型是一项长期而复杂的系统工程，不仅受制于外部环境因素，更受制于转型自身关联因素的驱动和调控。基于生命周期理论、系统论、脆弱性理论和空间经济学等理论，本节从制度体系、结构构成、要素投入和生态建设等方面梳理煤炭资源型城市绿色转型驱动因子。

3.1.1　制度体系

制度是一个社会组织或团体中要求其成员共同遵守并必须按程序办事的规程，是煤炭资源型城市绿色转型的重要保证，包括行政制度、经济制度、文化制度和社会制度等方面内容。

(1) 行政制度

行政手段和行政制度有力支撑着煤炭资源型城市的转型发展，如果单纯依靠市场作用，难以实现资源优势转向产业优势。从政府行政管理层面来讲，则能够加速推进煤炭资源型城市资源优势转变为产业优势，从而提高煤炭资源型城市的转型成效：第一，科学高效的行政制度可以营造良好的外部制度环境，使交易成本得以降低，有利于相关企业提高发展质量、增加发展效益；第二，政府制定有效的经济发展规划、采取有力政策调控手段，以此来解决煤炭资源型城市在微观经济发展基础方面存在的问题；第三，目前人力追逐资本已经开始转向资本追逐人力，完善的行政管理制度能够对人才、资金、技术等各方面生产要素流向进行科学合理引导，加快形成与完善产业工业园区，有利于煤炭资源型城市的加速转型；第四，政府部门对户籍、土地、税收和金融等制度机制方面的政策改革，能够使社会制度更加完善，有利于促进转型发展。因此，应该大力推进行政制度改革。此外，推进创新型政府建设也是煤炭资源型城市实现绿色转型发展的关键所在。在实施行政管理制度改革时，要结合当下城市的发展阶段、发展特点，综合考量、科学制定地方行政法规和制度体系，通过进一步加强政策创新，充分发挥行政制度优势，不断推动当地经济高质量发展。

（2）经济制度

经济制度具体指的是在经济发展中所制定或予以承认的各种措施及规则的总称，反映出不同社会生产关系的不同要求。经济制度作为根本原则约束着各个方面的经济活动，要充分认识到经济制度改革对资源型城市转型的重要意义。

第一，改革财政税收制度。税收作为政府收入主要来源之一，其中增值税和资源税更是主要税种之一。由于大多数煤炭资源型企业是由国家直接投资的，具有鲜明的国有特征，其大部分税收被中央政府财政直接收缴，地方政府真正能够获取的税额相对较少，已不能完全满足地方经济社会的发展需要。推进资源税制度改革是促进煤炭资源型城市转型发展的必然选择。首先，定位功能。针对资源税当前表现出来的问题，应当修订完善我国《矿产资源法》《资源税管理暂行条例》等相关政策条例，明确资源税的根本性质，充分发挥其功能。其次，建立补偿机制。建立资源开采补偿机制尤为关键，无节制的资源开采行为必将对地区经济发展造成严重的负面影响，产生不同程度的外部性。因此，建立资源开采补偿机制不仅是加强自然资源管理的必要条件，也是促进地区经济社会可持续发展的必然选择。

第二，建立明晰的现代企业制度。建立现代企业制度是推进国有煤炭企业改革的重要内容之一。由于我国煤炭资源型企业大多是国有性质，在企业生产运营过程中，存在生产动力缺乏、创新能力不足、企业发展缓慢等问题。因此，通过加大国企改革力度来解决当前我国煤炭企业所面临的问题是当务之急。煤炭企业还面临着一定程度上的政企不分现象，地方政府为加快地区经济社会快速发展，倾向于重视和依赖煤炭企业发展，但长此以往可能会形成煤炭企业"一业独大"的局面，不利于当地经济社会可持续发展。因此，从煤炭企业可持续发展的角度来看，建立明晰的现代企业制度势在必行，有必要通过优化企业资源配置方式，引入第三方监管机构促进煤炭资源型企业加快改革。

第三，改善金融投资环境。随着我国经济体制改革向纵深推进，经济结构更加多元，尤其是随着互联网、大数据、云计算以及智能制造业的蓬勃发展，人们对方便快捷金融服务的需求越来越强烈。当前煤炭资源型城市的金融市场改革发展相对迟缓和保守，不足以满足当地经济发展实际需求。另外，我国煤炭资源型城市对外开放程度相对较低，与外界的商业合作往往受到行政区划限制，导致没有充足的外部资本投入。由于本地市场开放程度不够，一定程度约束着这一区域经济的持续发展。因此，加快改善金融投资环境，可以为煤炭资源型城市绿色转型发展提供更加稳定的资金支持。

（3）文化制度

城市文化是在城市发展中逐步形成的，也将其作为城市的价值观，作为一种软实力促进城市发展。和企业文化一样，城市文化能够凝聚城市居民，提升城市居民的综合素质和思想道德水平，以显现城市的魅力，提高城市竞争力，促进城市的可持续发展。城市文化制度主要包括教育、科技、媒体传播、文学艺术事业等方面。文化制度供给能够从内在方面影响着煤炭资源型城市的转型效果。在城市发展过程中，资源文化会呈现一种先提升、后衰退的过程。资源文化的发展是以煤炭资源型产业发展为前提的，当煤炭产业作为支撑地区经济发展的主导产业时，资源文化也相应地在煤炭资源型城市中占据主导地位。但是自然资源是不可再生的，过度开采也是不可持续的，在煤炭资源型城市转型过程中应该倡导以生态文明、节能减排、可持续发展、低碳文化、"双碳"达标等导向的文化制度。通过鼓励大众创业、万众创新等方式，尽量规避煤炭资源型城市步入衰竭期后，再思考转型的被动局面。因此，应当正确认识文化制度的重要意义，在城市转型发展过程中对其给予足够的重视。

对于资源文化，首先，人们在看到支撑当地经济发展的同时，也要看到该煤炭资源型城市所处的发展阶段。资源文化能够主导地区经济发展，不会随着人们的主观意志而变化。因此，对于资源文化仍然是主导文化的资源型城市，应当正确地对其进行引导，充分发挥出应有作用，引领城市绿色转型发展。其次，人才资源对文化产业发展发挥着十分重要的促进作用。一个城市素质的提高有赖于几代人持续不断地经营和努力。人们文明水平的不断提高表现出来的就是城市文明的高度，这就需要当地大力发展教育和文化事业。同时也要大力支持具有人才吸引力的企业快速发展，引导实现更多人才回流。最后，文化制度改革并非一朝一夕能够完成的，需要长久地搭建载体和培育平台，加大对生态文明建设、城市绿色转型、低碳发展等方面的文化宣传教育和舆论传播，不断教育引导广大民众增强对绿色、和谐和美好生活的向往，从而为城市实现绿色转型营造更加广泛的社会共识、奠定更加坚实的群众基础。

(4) 社会制度

社会制度主要包括基础设施建设制度和社会保障制度两个层面。完善的社会保障体系制度对缓解居民失业压力和保障基本生活水平发挥着基础性先导性作用，从而促进保持社会稳定，减缓城市转型中所承受的负面压力，包括的主要有社会保险、福利、救济和优抚等方面制度；城市内部的基础设施建设也在很大程度上影响着资源型城市的转型效率。

第一，较于其他城市，煤炭资源型城市在矿业方面的就业率较高，且考虑的该行业作业环境存在的困难性和危险性。因此，在煤炭资源型城市中完善医疗保险、工伤保险等相关制度显得尤为重要。另外，为了促进当地社会稳定发展，煤炭资源型城市要致力于为矿工及其家庭，提供相对完善的社会保障制度支持，同时尽可能地实现社会保险的全面覆盖，鼓励各类社会团体和个人参与社会保险，维护社会发展的安全性和稳定性，为城市转型提供良好社会环境。

第二，煤炭资源型城市产业发展离不开自然资源的支撑，在城市经济社会发展过程中往往易于出现过度开采的情况，在严重破坏生态环境的同时，也不能为居民提供良好生活保障，导致煤炭资源型城市转型面临着严峻的民生问题。其中，较为突出的是贫困居民和棚户区居民的问题。为加快煤炭资源型城市转型，当地政府要把不断提高人民的生活质量作为主要工作目标，在社会福利、救济、优抚等基本制度等方面上狠下功夫，促进煤炭资源型城市实现绿色转型发展。

第三，城市内部的基础设施建设效果影响其转型速度。目前，大多数煤炭资源型城市是因矿建市、依矿建城，这种情况使得基础设施建设在一定程度上存在重复性大、碎片化程度较高等问题。城市基础设施的建设完善能够在交通、信息、土地、水电等要素供给上提供有力支撑，能够提升城市的城镇化水平和绿色转型速度。因此，不断提高煤炭资源型城市的硬件设施，为城市实现绿色转型发展提供支撑。

另外，人口流失在某种意义上来讲，是该城市活力逐步下滑，对经济的需求刺激不足、地区经济无法高速发展的表现。因此，煤炭资源型城市通过制定相关保障制度，大力发展多元化产业结构，加大对高端人才的吸引力度，以此来促进该地区经济活力和动力。与此同时，宣传好和落实好三孩政策，有利于积极促进人口增长，积蓄人口红利，增加社会需求，为地区经济发展注入新的活力。

3.1.2 结构构成

产业结构、资源空间结构、能源结构以及接续替代产业选择的合理调整是煤炭资源型城市绿色转型成功与否的关键因素。

（1）空间结构

空间异质性的概念广泛运用于生态学领域，一般是指生态学过程和格局在空间分布上的不均匀性及其复杂性。空间异质性包括空间局域异质性和空间分层异质性，是一个集时间和空间于一体的总和概念[165][166]。引入这一概念，主要是考虑区域不同且处于不同发展时期及不同自然资源对煤炭资源型城市绿色转型发展有着不同影响。空间结构不同使政府行为存在差异性，其差异性将对该地区产业结构升级和调整产生直接影响。因此，在煤炭资源型城市转型过程中应当考虑这一驱动因子，将整体现状一并进行考量，做到统筹兼顾。就煤炭资源型城市的异质性而言，主要包括以下四个方面：

第一，资源的异质性。在本书所提到的是"自然资源"，异质性主要是受地理因素的先天性影响，既是得天独厚的，又是因地而异的，对城市转型有着关键性影响。具体来讲，主要有以下三个方面：一是资源类型的异质性，这一性质决定了该城市主导产业，也决定了该城市未来的产业结构发展方向；二是资源储量的异质性，该性质决定了该城市发展周期和进行转型的难度；三是资源质量的异质性，这一性质决定了资源的利用效率的差异。因此，在同一类型的煤炭资源型城市中有着不同的发展路径。

第二，发展阶段的差异性。区域发展都将经历"成长—成熟—衰退—再生"这一历程，与人类生老病死一样是自然规律。其实，对于煤炭资源型城市来讲，即使不受新中国成立初期计划经济的影响，也将面临从兴盛到衰败再到兴盛的自然规律。制度只不过在其速度上能够产生影响，所以在煤炭资源型城市转型的过程中，要将不同时期的不同发展路径考虑在内，分门别类地对不同时期的煤炭资源型城市进行科学指导，逐步转变煤炭资源型城市"矿竭而城衰"的发展宿命，促进城市持续稳定繁荣发展。

第三，消除区域壁垒是实现煤炭资源型城市转型的重要方面，我国资源型城市分布广、数量多，虽然"去产能、去杠杆、去库存、降成本、补短板"在改革任务中被明确指出，这也并非完全一概而论，要根据该地区经济社会的发展现状来考量斟酌[167]，然而，一些城市的经济行为也会出现与现有政策相悖的情况。

第四，基础设施的建设是煤炭资源型城市进行转型的重要基础，不断完善基础设施是促进该城市转型的必要条件，并对城市提升开放程度起着直接的影响作用。对煤炭资源型城市转型来讲，不仅要加强对煤炭资源型工业企业的综合整治，还要对产品输送渠道进行不断拓宽，在优化配套设施上下功夫，着力解决一些发展不均衡的问题。所以，不论是考虑区域之间的协同发展或提高一体化发展水平，还是将集中解决煤炭资源型城市所面临的问题，都需要有计划地建设和完善全国煤炭资源型城市的基础设施。

（2）产业结构

在煤炭资源型城市转型中，产业结构刚性是人们普遍关注的问题，产业结构合理调整成为煤炭资源型城市能否实现成功转型的关键所在[168]。一般意义上讲，污染高、耗能高、效率低是煤炭资源型城市产业发展的典型特征，描述煤炭产业现状往往使用亟待改革、优化调整等词语。但是不可否认的是煤炭产业对该地区经济发展所作出的历史贡献。因此，需要客观评判煤炭产业转型面临的现实情况，为产业结构调整提出可行的合理化建议。

煤炭资源型城市发展之初，主要是依靠开采和出售原煤资源起步，在这一时期，由于自然资源储备充足，发展过程中不用考虑资源枯竭的问题，并对自然资源进行无节制开采。同时，由于缺乏先进生产技术，资源利用效率相对较低，有的城市甚至将矿产资源进行外销以换取短期的经济发展。其主要原因有：一是煤炭资源型产业是国有企业，具有垄断地位，当时处于经营风险小，改革动力不足的局面；二是煤炭资源型产业对政府财政收入有突出贡献，政府为不影响财政收入，选择忽视所存在的问题，甚至抵触上级相关政策。因此，提高有效产品供给，生产满足需求的产品，需要煤炭资源型城市在成长初期就要树立忧患意识、自主研发意识、谋划拓展产业链的意识。

煤炭资源型产业进入成熟期时，煤炭产业开始主导地区经济发展，同时也是大量开采自然资源，生态问题密集出现的阶段。这是城市依靠自然资源促进经济发展的必然选择，存在诸多影响地区产业长远发展因素。一方面对技术能力创新缺乏考量，"产学研"不合理投入，不仅自然资源浪费严重，也使企业发展受到限制；另一方面，政府在生产服务业与生活服务业方面缺乏相互匹配，使城市产业链条无法充分得到延伸和优化，尤其是在生产性服务业方面，缓慢发展速度和较低效益，在较大程度上制约了煤炭资源型产业绿色转型发展。在这一时期形成了产业结构刚性，如果能抓住这一时期，把资源优势转化成为产业优势，在一定程度上能够延缓资源型城市衰退期到来。

在一般情况下，煤炭资源型城市面临资源枯竭、供给无法满足需求作为该类城市进入衰退期的一个重要标志，但是当城市主要工业产品出现市场低迷情况时，这已经表现出衰退的征兆。资源枯竭时的转型往往是被动的，必然会导致城市在发展中经历阵痛期，甚至出现一蹶不振的情况。因此，城市要致力于科技创新、产业链延伸、培育接续产业，充分发挥前期优势，提早着手谋划，此为资源型城市成功实现转型的关键所在。从演化经济地理的理论来看，引进产业与现有产业关联性影响着经营周期的长短，决定其能否成为支撑未来经济发展的主导产业。如果在城市现有优势产业基础之上，引进培育发展相关产业，有利于壮大城市产业发展。所以，不仅不能放弃煤炭产业，反而更要将其作为城市转型的重要条件和基础，在最大限度上给予其转型支撑。

煤炭资源型城市通过加强主导产业的帮扶力度，培育发展主导产业的上下游产业，引进新兴产业，内外环境共同发力，逐步进入再生期。此时，城市发展要将政策贯彻好、落实好，使产业结构发展多样化，不断提高城市的适应能力和调节能力，结合其自身优势大力推动第三产业及高新技术产业的大力发展，使地区经济发展不再受资源的制约，从而转向资本密集型、知识密集型[169]。

（3）接续替代产业选择

在煤炭资源型城市初期转型过程中，城市接续替代产业的选择大多以延伸煤炭资源型产业的产业链为主要特征，主要表现为主导产业由采掘业转向深加工产业。但是随着城市功能的逐步完善，煤炭资源型产业的快速发展和新兴产业的逐渐兴起，煤炭资源型城市开始逐步成为综合性城市，在这一时期，煤炭资源型城市会致力于采用复合型连续产业发展模式以加快城市的转型发展。

在选择接续产业的过程中，发挥现有产业优势，使其不断做大做强，并具有战略性的发展新兴产业，加大对新兴支柱产业的培育力度，提高城市对市场需求变化的适应能力和自主创新能力，使城市的产业结构趋于多元化，促进城市转型发展。

煤炭资源型城市要结合现有基础和所处的阶段特征，针对性地选择接续替代产业。第一，处于成长期的城市，要发挥其资源优势，以原油、木材、煤炭、铁矿石等为主，建设一批资源产品基地，并建立区域性物流中心，保证资源产品生产和销售不脱节，在延伸产业链条的同时，兼顾产品的销售市场的通达性。第二，处于成熟期的城市，要有意识地将地区特色资源优势与城市现代服务业发展相结合，开发创意产品，使"资源文化"在城市发展的过程中，与"绿色发展文化"有机融合在一起，在满足煤炭资源型产业发展需求的同时，促进城市发展多元化。第三，处于衰退期的城市，要严格限制其对自然资源开采，把城市转型重心放在发展其他优势资源上，重点保护自然资源不再受到破坏。如在森工城市中，可以借助其优良生态环境，大力发展以休闲度假为主的旅游产业。对于山水资源比较丰富、自然风光较好的城市，可以发展以自然旅游观光为主的旅游业。对于文化历史比较长的工业城市可以在特色工业旅游产业上下功夫等。总之，这一时期的城市转型要根据煤炭资源型城市本身的特征因地制宜地开展，逐步摆脱对自然资源开展的过度依赖。

（4）能源消费结构

当今对煤炭能源消耗量逐渐减少，以煤炭为主导的地位逐渐被石油、天然气、核能、风能、水能、火力等新兴能源取而代之，形成了多种能源结构共存的能源消费格局。这对只依赖于煤炭开采和粗犷加工为主导的煤炭资源型城市是较大挑战，要优化能源消费结构，促进城市的转型和发展。随着科学技术水平不断提高，新能源开发利用技术逐步完善，在城市发展处于上升阶段时，要以新能源为主来确立战略发展目标，加强对新能源的重视程度和技术研发经费的投入力度，探索新能源开发利用，解决经济发展受资源制约问题，从而激发城市活力，推动城市经济发展。同时，也要在能源转化率提高上下功夫，减少污染物排放，以可持续发展理念推动资源型城市绿色转型发展。

3.1.3　要素投入

要素投入是指劳动、资本、土地、资源、环境、企业家才能等生产要素，要素投入是支撑煤炭资源型城市可持续发展的基础和前提。本节主要从劳动力质量、科技、资金供给和自然资源供给等方面阐述煤炭资源型城市绿色转型的"投入基本量"。

（1）劳动力质量

劳动力作为城市发展中必不可少的可变投入要素，影响着经济的增长水平。在煤炭资源型城市中，人力资源作为知识资源的载体，在帮助城市转型中是智慧的核心，现阶段，创新能力强、组织能力强、具有领导才能的企业家人才短缺，这使煤炭资源型城市的转型发展受到阻碍[170]。

当前煤炭资源型城市中存在的劳动力问题有：一方面，人才的不断流失，人口老龄化问题突出。长期受资源型产业"一业独大"局面的影响，阻碍了经济多元化发展，其他产业发展生产规模难以形成，导致煤炭行业人才缺乏发展前景、无法发挥自身价值而造成人才流失；同时，自身所培养的人才外流情况严重，缺乏人才回流吸引力，无法充分利用培养人才；另外，人口老龄化加剧，劳动力供给不足，部分煤炭资源型城市出现"未衰先老"的情况。另一方面，劳动力整体素质有待提升，缺少能吸引高素质人才的平台。据统计，2020 年，我国劳动年龄人口平均受教育年限达到 10.8 年，相当于比义务教育水平稍高。制度保障是大力引进人才的关键措施，打造良好平台也是引进人才的重要保障，能够吸引人才、留住人才、发挥人才作用。所以，劳动力素质提升并非在短时间内能够完成，是需要长久努力才能实现的。

（2）科技革新

科技创新对煤炭资源型城市的发展至关重要。第一，传统产业结构升级需要科学技术的推动作用。煤炭资源型城市在成长和成熟期时，资源储备量相对较多，但对自然资源进行勘查、开采、利用和回收等核心技术的储备还不够，对国外先进技术依赖性较强。高效利用自然资源，并提高工业废弃物的回收利用效率，关键是提高技术创新能力，促进产业核心技术形成。第二，考虑到仅依靠自然资源已不能满足经济发展需要，培育接续替代产业是必然趋势。科学选择接续替代产业依赖于科学技术创新，所以，只有突破了一些关键"卡脖子"的技术才能提高转型效率。第三，现代服务业发展也需要对技术进行创新。方便快捷化、电子智能化是现代服务业发展的标志。因此，煤炭资源型城市要实现知识密集型产业转型目标离不开科学技术的不断创新。

（3）资金供给

煤炭资源型城市转型过程需要足够的资金支撑。现有资本市场结构难以满足经济发展，资本市场已成必然趋势[171]。资金是转型中强有力的支撑，但是长期"一业独大"导致的刚性结构，造成金融行业发展相对较慢。所以，在转型过程中，首先，要在市场主导下，优化资金配置，激发资金活力，提升企业融资效率；其次，在融入一体化进程中，提高外资利用效率。煤炭资源型城市的经济建设需要在地区经济发展的大环境下进行，在区域经济高度一体化背景下，只有坚持开放、发展、共赢原则，合理分配资源，加强要素流动，才能以此来促进煤炭资源型城市经济发展[172]；最后，增加政府财政支出，煤炭资源型城市主要运用土地利用和依靠煤炭生产来获得财政收入，转型过程中要科学进行支出比例调整，对收益稳定的产业进行重点扶持，促进接续替代产业为经济发展作出更大贡献。另外，以政府财政支出为市场导向，逐步建设产业集聚园区，促进经济健康发展。

（4）自然资源供给

土地是城市经济发展中不可或缺的重要生产要素，是城市经济发展的重要支撑。大多煤炭资源型城市存在土地资源被较大程度破坏的问题，这一因素影响着地区及经济的发展。因此，应该加大投资力度，努力修复被破坏的土地资源，提升土地资源供给质量，增加经济效益[173]。

在自然资源的供给方面，供不应求是大多数煤炭资源型城市面临的越来越突出问题，其转型形势日益严峻，寻找新的自然资源增长点是大多数煤炭资源型城市用来促进和发展经济的重要途径。

就不同发展时期的煤炭资源型城市而言，寻求自然资源的途径是不同的：第一，煤炭资源型城市处于成长期和成熟期的城市，一方面做好勘测、开采资源富集区的工作，保证自然资源能够满足当前经济的发展，另一方面要构建后备重要资源开采基地，保证在资源富集区的自然资源不能满足需要时，接续区的自然资源也可以满足经济发展的需要。第二，对于煤炭资源型城市处于衰退期的城市，要致力于合理对自然资源的合理开采，延长老矿区的服务年限。第三，对于再生型城市，因其已经摆脱了自然资源对地区经济发展的束缚，但在城市发展过程中仍要汲取城市发展先进经验，对当地旅游和文化资源进行保护和重塑，加强创新力度，强化地区资源可持续利用。

3.1.4　生态建设

新发展理念致力于走出一条生产发展、生活富裕、生态良好的文明发展道路，基于当前节约资源和保护环境的基本国策，要求实现人与自然的"天人合一"和"天人互益"，从而实现人类源于自然、顺应自然、益于自然、反哺自然[174]。在煤炭资源型城市逐步发展过程中，生态环境持续恶化问题将会使人才外流和无法吸引外部投资机会，这使资本积累受挫，缺乏资金进行环境的改良和基础设施的建设，是阻碍煤炭资源型城市进行转型的重要因素。

抓住国家政策支持这一重要机遇，点面结合，治理生态环境：在点上，转变以往"先发展，后治理"理念，坚持低碳环保，通过技术改良、优化产业布局等方式，促进资源可持续利用。在面上，运用好城市地理位置、环境气候等优势条件，逐步实现宜居宜业的城市目标。例如攀枝花，在转型时发挥阳光充足的优势，不断加大资金投入来建设阳光花城，同步发展康养和旅游业态，生产生活环境得到了极大的改善，吸引越来越多人群来攀枝花消费置业，从而促进当地经济发展。可见，生态环境问题解决，在一定程度上会增加人才、技术等要素集聚，有力地保障了城市发展质量。

坚持人口与资源环境相适宜、经济与生态环境相统一原则，通过对开发强度的控制，空间结构的调整，逐步形成集约高效的生产空间、环境宜居的生活空间、绿水青山的生态空间，使自然有更大、更多的修复空间，良田数量更多，给子孙后代留下的家园更美好；注重节约保护资源。提高对节约保护资源的认识程度，加强节约管理控制，从根本上降低能源消耗；提高资源的利用效率，加强环境修复与治理。坚持以预防环境破坏为主、加强综合治理，重点解决有害人们健康的突出环境问题，同时也要加强对水利设施、防灾减灾体系、生态修复等工程设施的建设力度，增强对环境的修复与治理能力。

3.2　煤炭资源型城市绿色转型因子联动过程

制度体系改革、结构优化升级、要素投入革新、生态文明建设作为煤炭资源型城市绿色转型的四大驱动因子，因子之间相互联系、相互影响、共同作用，联动传导构成了缺一不可的有机整体。

3.2.1　空间结构与制度体系改革

空间异质性、行政壁垒、基础设施、外部性等作为空间结构因子驱动着供给侧改革[3]。而行政、社会保障、经济、文化和对外开放等制度驱动着制度改革，两类驱动因子之间既相互联系和促进，又存在差距和影响。

第一，空间异质性与制度改革。由于地理因素会直接影响自然资源的异质性，城市类型的不同，城市资源种类、资源品质和资源储量差别很大，将煤炭作为城市的优势自然资源归为煤炭型城市，就充分显示出了自然资源类型的差异性；资源质量不同决定了不同的制度改革，在工业化进程中，不同类型资源在产业生产活动中得到不同分配，其用途也存在差异，这就决定了各个煤炭资源型城市的产业是不同的。然而这并不能够直接指引产业的发展，还需要通过政府运用政策和市场等手段加以引导。研究表明，自然资源优势、市场需求、政府的支持和产业升级是城市主导产业形成的主要依靠特征，并指出了政府支持是关键作用[175]。对于煤炭城市与森工城市而言，煤炭是不可再生资源，森工资源是可再生资源，城市是围绕城市资源利用而开展行政、经济和社会保障活动，煤炭城市主要注重对矿山服务年限的合理制定、新矿源的探测、税收制度的改革、棚户区改良、塌陷区改造，而森工城市更加注重森林的生态环境保护，火灾预防，税收制度及经济管理与煤炭城市有较大的差异。结合实际，发挥特色优势开展绿色转型，效果会事半功倍。例如长白山市，发挥独特的森林资源优势，形成特色小镇，达到了城市成功转型的目标。由此可见，不同的自然资源质量，为城市绿色转型提供了资源支撑，也导致了各个煤炭资源型城市之间的制度改革差异。

自然资源储量决定着煤炭资源型城市的发展周期、城市制度的改革方向。资源城市发展阶段分为成长期、成熟期和衰退期。在成长期，煤炭资源型城市自然资源充沛，但产业发展相对缓慢。在成熟期，对大量自然资源进行消耗，煤炭资源型产业得到长足的发展，但是当资源开采量达到一定程度，煤炭资源的可开采量达不到继续支撑产业发展时就进入了衰退期，城市就将面临亟待转型的危机与挑战。对于不同发展阶段的城市，制度是其重要保障。制度在成长期时起引导和支撑作用，而处于成熟期的煤炭资源型城市，在制度上则是为产业发展提供环境保障，更加注重经济与生态和谐发展。进入衰退期后，则致力于解决的是环境破坏、资源枯竭、经济倒退等问题。可见，资源储量作为重要影响因素，影响着制度改革。

第二，区域壁垒与制度改革。目前，我国东西部之间在煤炭资源型城市制度改革方面存在较大差异。由于东部经济发展水平相对较高，其煤炭资源型城市依托地区发展优势转型的速度较快，煤炭资源型产业逐步向中西部转移；东北老工业基地的振兴是我国正面临的一个难题，各界专家学者纷纷为促进东北老工业基地的顺利转型建言献策。中部的煤炭资源型城市较多，但是由于地理位置的影响，导致经济开放程度不高；西部地区虽有丰富的自然资源，发展却受到地理位置的限制，这是西部煤炭资源型城市难以将资源优势转化为产业优势的主要因素之一，也是促进西部大开发的一个难点。我国各个板块、区域间的煤炭资源型城市都存在一定的区域壁垒，主要原因是地方保护主义思想严重及税收等制度影响，这种壁垒会限制煤炭资源型城市的协同发展，不能实现"1＋1＞2"的效应。由于其他城市支援力量缺失，煤炭资源型城市的转型过程非常缓慢，中央下发的关于促进煤炭资源型城市发展的相关政策文件并没有达到预期效果。因此，打破行政壁垒有利于促进经济发展，有利于推动城市绿色转型。

第三，跨区基础设施与制度改革。煤炭资源型城市绿色转型过程中跨区域设施建设至关重要，煤炭资源型城市绿色转型的基础是交通、邮电、水利等，本节的基础设施主要是指邮电、交通等连接不同煤炭资源型城市的基础设施。我国自然资源种类多，分布范围广，所以造成地区不同，特征各异，发展水平参差不齐，在供给侧结构性改革的驱动下，实现煤炭资源型城市顺利转型，区域合作是必然趋势，基础设施建设是关键基础，打破行政壁垒的同时对基础设施进行相应建设，促进资源优化再分配，实现区域简单沟通、协作融合发展。不同煤炭资源型城市之间的基础设施关键有两个方面，一是交通设施；二是邮电设施。自然资源以大宗商品为主，即便交通设备已经相对完善，但要在城市间实现自然资源的自由运输也不太现实。在空间经济学中，非均质空间说明了企业选址和运输成本之间的关系，即在自然资源型城市发展中，为避免较高的运输成本，防止得不偿失，城市绿色转型要合理规划。电力输送就可以通过构建完善的输电设备，促进不同区域之间电量的传输，例如，将资源集聚地区相对较便宜的电量进行输送，推动区域经济发展。这属于宏观层面问题，具体实施还需要各地政府根据实际情况出台相应政策，推进制度改革。

第四，外部性与制度改革。外部的生态环境问题会严重制约煤炭资源型城市的转型与发展。在"绿水青山就是金山银山"理念的指导下，其供给侧结构性改革就要充分的综合考虑这些外部不经济的问题，要彻底改变不经济的行为，从而提高城市转型的可持续发展要求，实现城市的绿色可持续发展，以促进城市经济的可持续发展。这些都需要政府发挥政策工具的职能，加大管理制度创新，制定更为完善的保障政策以支撑煤炭资源型城市绿色可持续发展。针对城市绿色转型中产生的实际问题，建立更加严格的制约和监督机制，从根本上改善城市存在的外部不经济情况，从而更好促进城市绿色转型。

3.2.2 空间结构与优化升级

在中观层面上，煤炭资源型城市能否顺利实现产业升级还要依靠宏观空间结构的优化，所以空间结构对产业升级至关重要。

第一，空间异质性决定了煤炭资源主导的城市产业的发展水平。综上所述，煤炭资源型城市空间异质性对城市制度改革方向有一定的影响作用，产业结构产生变化也对制度改革起着基础性的作用，因此，空间异质性是对产业升级产生影响的最直接因素。首先，资源的异质性对于煤炭资源型城市主导产业的发展水平起着决定性作用，它具体表现在资源类型不同决定的产业类型也不同，其品质决定用途，储量决定生产活动周期；其次，异质性影响接续替代产业选择，为进一步缓解"一业独大"的现象，调整原有的刚性经济结构，促进经济社会的良性发展，煤炭资源型城市接续替代产业必须要做出正确的选择，以此来促进可持续经济的发展，而选择的接续替代产业多以原有优势产业为基础，难以被超越；最后，影响产业集聚。产业集聚是为了降低企业的生产成本并获得更大规模的收益，而对于资源富集的区域，煤炭型资源城市的集聚发展必然会带来自然资源的减少，所以必然会造成一些企业背道而驰。

第二，区域壁垒对产业升级的影响。一个开放性的煤炭资源型城市，是一个内部与外界资源相互交换的庞大系统，尤其是良好的外部环境能够促进城市发展的内生动力。区域之间的壁垒极大地限制了不同煤炭资源型城市产业之间开展合作，这对于煤炭资源型城市实现协同发展极为不利。产业是国民经济运行的主体，更是城市之间协同发展的载体，两个区域之间的差异尤其是发展水平的差异也受不同区域产业之间关联程度的影响。虽然良好的外部环境对于煤炭资源型城市的产业升级并没有决定性作用，但发挥着较大的促进作用，将为城市产业升级提供良好发展机遇。

第三，基础设施建设对产业升级的影响。逐步完善基础设施对产业升级有着至关重要的影响作用。首先，完善的基础设施促进了城市和产业之间的沟通，也促进了各个产业之间的沟通、交流与合作；其次，完善的基础设施为地区发展注入强大动力，将有利于引入大量域外资本，促进与外企的合作与发展，激发地区发展活力，加快产业升级。最后，城市基础设施建设促进了煤炭资源型城市产业集聚效应的产生，使区域经济得到共同发展。

第四，外部性对产业升级的影响。由于具有资源利用率低、生产技术不高、排放物污染严重等问题，传统煤炭资源型产业已经不能完全适应当前经济社会实际。此外还伴随频繁暴发地质灾害，环境严重受到污染、气候变暖情况加剧、资源面临枯竭等生态环境问题，不良外部环境将直接影响经济社会的发展状况。外部经济就空间视角而言没有严格界限，如环境污染一般在空间中进行传播。所以，外部环境对煤炭资源型城市的产业升级具有较大影响。为适应当今社会经济的发展，促进城市的可持续发展，煤炭资源型城市进行产业升级势在必行。通过不断提高资源利用效率、技术研发创新、生态环境保护与修复等方面加快产业升级。

3.2.3　空间结构与要素投入革新

空间结构促进要素创新。空间结构与要素创新分别关注的是宏观与微观方面的问题。两者都是促进产业升级的重要因素，相互影响，相互促进。

第一，空间异质性决定了煤炭资源型城市主导产业之间各具差异，而这些差异是由自然资源的类型、质量和储量之间的差异性决定的，因此，在生产中对劳动力素质、技术、资金等生产要素要求不同，适应的同时也促进产业的发展。为进一步促进煤炭主导产业壮大发展，相关人才引进、技术革新及经费投入优先供给国有企业是煤炭资源型城市的通常做法。但由于国有企业存在着经营效率较低等传统弊端，这样使得其他社会生产要素受到排挤，不能发挥其更大作用，劳动力掌握技能少且不高，竞争与合作氛围不够浓厚，造成城市创新能力不强。因此，要注重提高劳动者素质，培育劳动者技能，通过劳动者全面发展来促进企业的发展。同时也要保障劳动力的收入与生活水平，减少失业率与企业倒闭率，还要注意的是必须提供持续的资金支撑，使得企业技术研发与人才劳动成果能够成功转化为有效的生产力。

第二，区域壁垒和基础设施对生产要素的市场配置起着重要影响作用。市场在资源配置中发挥着决定性作用，应当构建统一开放竞争有序的现代市场经济体系。对于煤炭资源型城市而言，生产要素的流动尤其是土地和自然资源要素的流动，必须在政府引导的前提下进行。由于市场配置不是万能的，必须通过政府这支"有形的手"进行宏观调控，促进资源有效合理配置，并对基础设施进行完善。以此来优化生产要素和资源要素配置。因此，在深化供给侧结构性改革的同时，打破区域之间存在的行政壁垒，加强政府引导，逐渐完善城市基础设施和公共服务设施，使生产要素在市场主导下自由和合理流动。

3.2.4　制度体系改革与产业升级

制度改革与产业升级之间相互作用。制度改革有助于营造一个良好而稳定的外部环境，并由此促进煤炭资源型产业的快速转型。

第一，政府要制定相关政策以此来为产业提供良好的规划路线，发挥市场主导作用，深化简政放权，建设人民满意的服务型政府，推出更多有利于产业升级的优惠政策，引导市场的资源流向，延长产业链条，降低生产成本，促进产业间的交流与合作。同时要积极推动接续替代产业的发展，促进煤炭资源型城市以及产业结构多元化发展。以制度改革为地区创造良好的经济发展条件，促进产业升级。

第二，经济制度与产业升级。税收制度是重要经济制度之一，在煤炭资源型城市中资源税管理是关键，通过加强资源税的管理，防止浪费自然资源，体现资源的真实价值，从而促进产业升级；现代企业制度对其改革创新的主要目的是扩大企业收益，推动煤炭资源型城市绿色转型，促进企业制度现代化，以此来为产业升级创立良好社会环境，促进产业良性发展；融资制度也是一项重要的经济制度，其重点是激发金融市场活力，从而降低企业融资成本以促进产业获得更大收益，以此来促进产业进一步升级。因此，经济制度在满足人民需求与社会发展需求的同时，必须要适应经济社会的发展状况，满足产业升级的实际需要，带动产业的良性循环。

第三，社会保障制度与产业升级。完善社会保障制度是为了提高居民生活水平和改良产业转型环境，产业的升级可以有效促进地区的可持续发展，提高城市居民的收入和生活水平，从而实现完善社会保障制度的目的。所以，其两者是相互作用、相互影响的。

第四，文化制度与产业升级。资源城市发展无法长期单纯依靠自然资源，要逐渐摆脱"资源文化"的单一属性，要强化"绿色低碳文化理念""区域特色文化"理念，在其熏陶下使城市居民对"资源文化"由被动放弃转为积极主动转型。要充分挖掘当地优秀传统文化，比如利用山水资源特色文旅优势，创新发展服务型产业，丰富多元文化制度，推动区域经济发展。

第五，对外开放与产业升级。对外开放是产业升级的前提条件之一，产业转型升级伴随着区域间的产业合作，促进产业升级的重要途径之一是加强煤炭资源型城市的开放程度，这也是煤炭资源型城市吸引外商企业的重要渠道，产业的多元化程度与转型的程度是成正比的，而且产业的多元化程度越高，越需要区域进行物质、信息和能量的交换，才能实现城市产业的不断蜕变，不断提高产业的创新能力，促进煤炭资源型城市绿色转型。

3.2.5　制度体系改革与要素投入革新

制度改革与要素创新相辅相成且缺一不可。制度改革为要素创新提供重要保障，同时要素创新也会对制度改革提供新的改革方案，以此来完善相关政策制度。

第一，政府要发挥宏观调控的作用，加大调控力度进行科学的宏观调控，促进资金、劳动力、技术、资源以及土地等生产要素的合理配置，与此同时，也要促进相关政策的完善，对于影响生产要素流动的各项政策制度进行改革，促进各种生产要素的合理再配置。

第二，人是生产发展的主体，所以人才是煤炭资源型城市绿色转型的关键。人才是推动技术创新基础和关键，也是推动产业升级和城市绿色转型的原动力。当一个城市人口迁出量大于迁入量，即流入为负时，表明该城市开始出现衰退迹象。对于基本都是三四线或五线城市的煤炭资源型城市来说，迁出人口数量远大于迁入人口数量，导致了城市内部人才空虚以及消费动力不足等问题。因此，煤炭资源型城市必须进行制度改革：以各项产业共同发展的繁荣面貌吸引更多人才回流；以较高薪水及更加优待的社会保障制度来吸引高素质人才流入；加大对外开放力度，保护外商合法权益，完善对外开放制度，大力引进优质人才。

第三，要通过制度改革为技术创新提供更为友好的条件，如良好环境和必要资金支撑等。首先，要推动教育事业的发展，加快企业的"产学研"一体化建设；其次，要加大对企业自身研发中心的资金、人才以及时间的投入，发挥技术型人才的最大作用；再次，也要提高人才的思想素质以及觉悟力，使其学习成果都可以转化为实际的生产成果，促进产业创新，带动产业发展，为城市转型提供技术支持；最后，要注重外部环境的建设，打造适合要素创新的稳定环境。

3.2.6　产业升级与要素投入革新

实现产业升级是煤炭资源型城市绿色转型的根本目标，而要素创新是实现产业升级这一核心目标的基础和关键。产业是社会经济活动运行的主体，因此要坚持创新理念，大力发展生产力，在促进产业升级与绿色转型的同时也带动着城市的转型与发展。在整个过程中，要素创新发挥着不可替代的作用。

第一，产业结构与要素创新。煤炭资源型城市要想彻底实现均衡发展以及成功转型，就必须要促进产业结构的多元化。而核心技术、专业人才、相关资源以及必备资金是促进各项产业协调发展的关键支撑。因此产业多元化发展必须要对生产要素进行创新，实现资源的有效配置和利用，并为引入核心人才提供技术保障与管理保障，以此来促进煤炭资源型城市的绿色转型，但要保证这一切活动是在综合考虑地区发展状况的基础上进行。与此同时，也要促进城市战略性新兴产业、生活性服务业和生产性服务业的发展，带动区域经济的发展，为城市发展提供强劲动力，提升城市的发展潜力。也要注重发挥创新型生产要素的作用，深化供给侧结构性改革，大力发展实体经济，改变城市不良现状，促进城市的可持续发展。

第二，接续替代产业选择与要素创新。接续替代产业的选择是决定城市未来经济结构发展状况的至关因素。为推动城市的绿色转型，首先，要做到合理规划，结合城市发展状况以及产业的运转形式，选择适合产业发展的机遇与挑战；其次，要做到适当接续替代产业，为接续替代产业提供必要的资源供给，培养高素质科技人才，提高创新能力，促进创新技术的发展，给予相关政策以及必要的资金支持，为接续替代产业的发展创造更多有利条件；最后，尤为重要的是在培育接续替代产业的过程中，必须以产业发展的阶段需要为基础来提高生产要素的供给质量，以促进产业的健康发展。

第三，产业集聚与要素创新。产业集聚与要素创新相互促进，共同发展。首先，产业集聚使得各个产业汇聚在一起，降低了生产成本，从而获得了更大规模收益，并以此来带动了生产要素的大规模有效以及合理利用，提高了产业生产效率，促进了城市绿色转型；其次，较高的创新能力是产业集聚效应产生的要求之一，而只有满足降低生产成本扩大收益这一目的的产业集聚，才是真正有效的促进产业可持续发展的产业集聚，因此必须要重视生产要素资源的合理有效配置。以此来提高产业生产能力，增加产业竞争优势，促进产业的良性发展。同时，产业集聚会在原本要素创新能力的基础上对其提出更高的要求，产业集聚就是利用这种效应面向广阔市场，以满足更多消费者以及社会发展的广泛需求，所以对技术创新含量以及人力资源素质提升给予了较高的预期。

3.2.7　生态文明建设与其他因子关系

生态文明建设作为中国特色社会主义制度建设的内在要求，是制度体系改革的重要组成部分。在生态文明体制建设中，初步建立了源头严防、过程严管、损害赔偿、后果严惩的基础性制度框架。生态文明建设要求自然资源资产产权制度改革积极推进，国土空间开发保护制度日益加强，制定自然资源统一确权登记、自然生态空间用途管制办法，推进全民所有自然资源资产有偿使用制度改革。生态文明建设要求建立起具有生态道德的社会意识形态，摒弃以人类为中心的思想，发展人与自然和谐共处，树立尊重自然、敬畏自然、顺应自然、保护自然的文化理念，进而促进社会文化制度改革。

生态文明建设与结构优化升级。生态文明建设是我国"五位一体"总体布局的关键点，其核心要义是推动生产及消费方式的生态化。在生态文明建设背景下，产业结构优化要以市场为导向，推进绿色金融发展，培育低碳、节能、环保、清洁的绿色产业，推进新一轮的能源生产与消费革命，使产业结构优化的各项政策与实践指向能源节约、新能源开发及建设安全高效的能源体系。

生态文明建设促进要素投入革新。要素投入是指劳动、资本、土地、资源、环境、企业家才能等生产要素"量的增加"，要素升级是指生产要素"质的提升"，包括技术进步、人力资本提升、知识增长、信息化等因素。生态文明建设通过推进科技创新，优化科技资源配置，调动科研人员积极性，提高经济对科技的依赖性，减少经济对资源环境的依赖性，从而促进绿色低碳技术的进步和绿色低碳产业的发展。生态文明建设有利于提高全民素质，增加人力资本，实现人才各得其所、各尽其才，提高劳动生产率，降低资源能源消耗率。生态文明建设要求自然资源的高效利用和保护，优化资源配置，减少资源浪费，提高资源利用效率。

综上所述，制度体系改革、结构优化升级、要素投入革新以及生态文明建设之间是互相成就的。它们是相互联系、相互影响、相互传导、共同作用、缺一不可的有机整体，各驱动因子之间的传导机制见图 3-1。

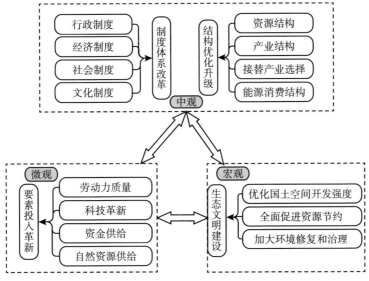

图 3-1　煤炭资源型城市绿色转型因子传导联动过程

3.3　煤炭资源型城市绿色转型内在动力机理

3.3.1　结构优化升级内动力作用

　　煤炭资源型城市在实现转型发展的过程中不能忽略其经济结构因素的差异，在"全国一盘棋"的背景下，结合煤炭资源型城市的发展现状，因地制宜地制定符合城市自身实际的综合改革措施。因此，结构改革是煤炭资源型城市面临的绿色转型内动力，它既能推动实现转型，也可以限制转型质量。首先，空间异质包括的主要有资源、所处的发展阶段及微观主体等方面的差异，其作为前提条件，影响着煤炭资源型城市的绿色转型。因此，在制定相关政策的过程中，不能忽略这些差异性，这不仅是地方政府制定政策规划及相关制度的要求，也是具有分地区、分类型、分阶段地对煤炭资源型城市进行合理规划和科学制定相关政策及制度的需要，能够对推动城市绿色转型发挥有效作用。其次，区域壁垒、基础设施建设也能够制约煤炭资源型城市的绿色转型，区域壁垒影响着地区之间的相互联系和对外的开放政策，而城市基础设施和公共服务设施建设是地区之间相互合作的基础。当前我国基础设施还存在建设不够完善等问题，尤其是广大西部地区，基础设施建设仍然是制约煤炭资源型城市绿色转型的关键因素。最后，在传统的粗放型经济增长模式的影响下，煤炭资源型城市的自然资源被大量消耗、生态环境遭到严重破坏，导致了较为突出的外部不经济问题。因此，在资源型城市转型过程中，要避免过度开采资源，制定并落实生态环境保护的相关政策，强化对已破坏的生态环境的修复或重建，坚决杜绝以环境污染、资源浪费作为代价换得城市所谓的一时发展。

3.3.2 制度体系改革保障力作用

制度改革是煤炭资源型城市在绿色转型中不可或缺的一部分，政府相关政策能够为绿色转型指明方向，提供基本保障，推动煤炭资源型城市的绿色转型。首先，政府所制定有关行政制度能够从宏观层面政策上保障转型发展，针对煤炭资源型产业拥有的特征，转型政策致力于引导煤炭资源型城市转变经济增长方式，促使供给产品质量的提高，从而保障绿色转型效果。其次，对经济制度及社会保障制度完善能够起到关键保障作用，为煤炭资源型城市绿色转型保驾护航。改革税收制度、构建现代化企业制度、完善融资制度是煤炭资源型城市能够实现自然资源保护、国企改革推进、多元化产业结构形成以及足够资金保障等必不可少的关键因素。社会保障制度主要包括有：社会保险、社会福利、社会救济、社会优抚等制度。一方面，由于矿业类工作存在一定危险性，如果社会保障制度不完善将导致企业发展不稳定；另一方面，社会保障制度完善是居民生活水平提高、幸福感提升、经济发展的基础保障，也是作为引进高端人才的必要条件。最后，文化制度作为城市发展的重要支撑，将"资源文化"转化为"低碳文化""特色文化"有助于城市绿色转型速度的提升；对外开放程度影响着煤炭资源型城市发展效果，对外开放程度与多元化经济构成呈正相关关系，对外开放程度越高，城市经济发展越能抵抗外界因素干扰，对城市绿色转型越有利。

3.3.3　要素投入革新支撑力作用

对生产要素进行创新是煤炭资源型城市绿色转型的重要支撑，也是产业升级的基础要素，同时还是制度改革、政策实施、空间结构调整的重要影响因素。只有提升生产要素创新能力，才能实现空间结构优化。另外，要激发企业家才能、不断提高技术创新能力，才能在本质上促进经济发展。首先，提高劳动力素质是必要条件，在其发展进程中，城市人口数量会由多到少再增多，但是"人口红利"是有限制性的，人口大量流失将无法满足城市经济快速发展需求，所以需要增加人口，不断刺激消费。同时，培养和引进高素质人才，将不同行业人才的主观能动性与创新性充分发挥出来，鼓励创新，从而推动产业结构的升级。其次，科学技术作为第一生产力支撑着城市绿色转型与产业升级，缺乏技术创新的城市其转型大多是不成功，因此，要大力提升自主创新能力，提高自然资源利用效率，满足多元化产业发展需求，为城市绿色转型提供有力支撑。最后，增加土地、自然资源和资金供给，受土地资源和自然资源有限性影响，在对土地资源和自然资源进行规划利用时，要在其承载能力范围内尽可能提高其利用效率，改善其使用方式，支撑城市绿色转型。对于资金来说，在其转型中资金是基础设施建设和社会保障完善的必要支撑，合理优化城市投资和融资环境，发挥市场主导地位，优化资金配置，促进城市实现绿色转型。

3.3.4 生态文明建设压力作用

党的十九大报告指出："我们要建设的现代化是人与自然和谐共生的现代化，既要创造更多物质财富和精神财富以满足人民日益增长的美好生活需要，也要提供更多优质生态产品以满足人民日益增长的优美生态环境需要。必须坚持节约优先、保护优先、自然恢复为主的方针，形成节约资源和保护环境的空间格局、产业结构、生产方式、生活方式，还自然以宁静、和谐、美丽。"[169]生态文明是人类文明的一种形态，它以尊重和维护自然为前提，以人与人、人与自然、人与社会和谐共生为宗旨，以建立可持续的生产方式和消费方式为内涵，以引导人们走上持续、和谐的发展道路为出发点和落脚点。这为人类社会发展指明了前进方向，也是从我国国情出发提出的一项重大战略决策，是深入贯彻落实新发展理念和全面实现小康、建设和谐社会的新要求和新任务。

煤炭资源型城市绿色转型是要发展新的接续替代产业，以解决经济下滑、大量失业和生态环境危机等诸多矛盾，也就是说煤炭资源型城市绿色转型对经济目标的最高要求是再造具有高起点、多元化、可持续的接续替代主导产业，而生态文明建设中的生态经济体系建设，则是要构建绿色、循环、低碳的生态化的生产方式和消费方式，把产业升级，不断优化结构作为永恒的追求，所以生态经济体系建设基本要求涵盖了煤炭资源型城市绿色转型对经济目标的最高要求。煤炭资源型城市在其绿色转型过程中应重视西方发达国家的"前车之鉴"，把生态文明建设与资源型城市的绿色转型有机结合起来，走新型的生态现代化的转型之路。

综上所述，在煤炭资源型城市的转型过程中，结构优化升级的内动力作用、生态文明建设的压力作用、要素投入革新的支撑力作用和制度体系改革的保障力作用都是不可或缺的，是一个相互作用的有机统一体，共同推进煤炭资源型城市转型发展，其动力机制如图 3 – 2 所示。

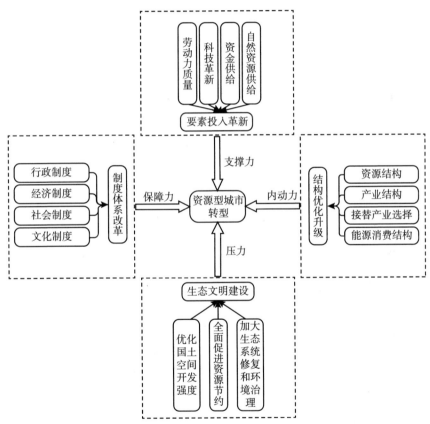

图 3 – 2　煤炭资源型城市绿色转型的内在动力机理

3.4 煤炭资源型城市绿色转型动态调整机制

马克思曾指出："问题就是公开的、无畏的、左右一切个人的时代声音。"[176]发现问题是树立绿色转型和践行新发展理念的逻辑起点。新发展理念不是跨越现实距离的纯主观精神层面设计，而是对新形势下发展问题的积极回应。问题导向不局限于新古典主义的分析框架或常规范式，是对其他社会科学分支的知识思维借鉴，并在思辨逻辑的基础上来审视经济理论的内在逻辑关系和整个经济学的思维，或在现实与理论之间不一致的基础上来重新审视经济理论的逻辑前提。问题导向的研究主要关注经济学的基本思维和主要理论并加以修正，或者剖析流行理论和思维用于解决实践中的问题。

第一，要善于发现问题，以历史与现实相互贯通、理论与实际相互结合的广阔视角，聚焦煤炭资源型城市绿色转型的重大问题，进行深入思考和全面把握。运用资源稀缺、资源型城市生命周期、生态学和可持续发展视角，辨析识别现阶段煤炭资源型城市经济—环境—社会协调发展状况，全面认识煤炭资源型城市社会经济环境协调程度。

第二，要正确分析问题，坚持运用全面的、辩证的、发展的眼光看待目前所面临的问题与挑战。统筹外部严峻复杂环境，国内经济恢复面临压力，在煤炭资源型城市绿色转型效率中引入合适的模型、构建科学的指标体系并合理确定权重、分析其特征及面临的问题，以此，运用面板数据分析的方法找出影响煤炭资源型城市绿色转型的显著因子。

　　第三，问题导向贯穿始终，并与目标导向相结合来解决难题。瞄定问题、紧盯问题，充分发挥财政、货币、社保、就业等政策合力，针对存在问题和制度短板，通过深化改革开放，体制机制创新，积极营造友好的营商环境，从而激发市场活力，提高社会创造力。设定煤炭资源型城市绿色转型目标为城市生产总值最大化，兼顾煤炭资源可持续利用和环境持续改善因素，从而得到城市生产总值最大化、煤炭资源可持续利用的情况下，预测今后的产业结构调整方向、煤炭资源消费结构变化等变量的取值，并及时反馈调整，如图 3 - 3 所示。

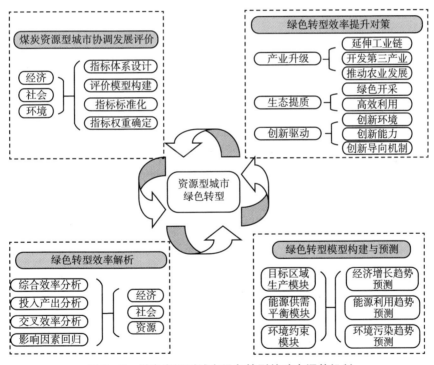

图 3 - 3　煤炭资源型城市绿色转型的动态调整机制

3.5 煤炭资源型城市绿色转型差异化引导机制

3.5.1 成长型城市

空间结构和要素创新供给对煤炭资源型城市建成初期起着决定性的作用。煤炭资源型城市地理位置的选择及其主导产业的发展状况取决于该城市空间的异质性，煤炭资源型城市处于成长期的城市，各方面都刚刚起步，发展水平相对较低，但其充足的自然资源是城市未来发展的主要支撑。这个时期，依靠其资源优势，加强人才和相关产业的引进，能够促进土地资金与技术人才生产要素的有机组合，共同支撑和推动煤炭资源型城市的建设与产业的发展。与此同时，在该时期，有关政策和制度完善程度不高，更多的是保障本地煤炭资源型产业的发展，并未意识到采用简单粗暴的形式开采自然资源获得经济增长的不可持续性和产业升级的重要性。此外，这一时期，空间结构已经对煤炭资源型城市形成压力。一方面区域壁垒和基础设施建设不完善制约着地区经济的发展；另一方面，空间外部影响因素也在日积月累，依赖于资源的大量消耗和生态环境的严重破坏换取的经济快速发展，由于资源储量足够大、环境自我调节能力还比较强，危机还不至于马上爆发，导致人们没有充分认识到对空间结构影响产生的严重后果。因此，成长期煤炭资源型城市转型的主导供给，主要是空间结构和要素创新等因素。

3.5.2 成熟型城市

煤炭资源型产业的不断发展壮大，使城市逐步进入成熟期，这一时期也是"黄金时期"。在这一时期,煤炭资源型产业有充足的自然资源供给和各类生产要素供给,生态环境存在的危机还未爆发,所以煤炭资源型产业能够快速发展,为提高社会文明程度、居民生活水平、促进城市经济增长和地区发展打下了坚实的物质和资金基础。但在这一时期也促成了煤炭资源型产业"一业独大"的局面,并且是以自然资源牺牲和生态环境破坏作为代价换来的,这也阻碍了其他行业的发展。但由于其优势能够在一定程度上掩盖现存制度、要素创新及空间结构等问题。所以,极大地发挥现有产业优势,不断拓展产业链,培育接续替代产业的快速发展,根据现实情况发展高新技术产业、战略性新兴产业、生产与生活服务业,促进城市产业结构发展的多元化,这是煤炭资源型城市能够成功转型的必由之路。可见,成熟期的煤炭资源型城市转型的主导供给是产业升级。

3.5.3　衰退型城市

可开采的自然资源的逐渐枯竭,使资源型城市开始步入衰退期。这一时期,煤炭资源型产业发展受挫,也是"资源诅咒"所指的主要时期,"一业独大"的发展态势造成了其他行业发展严重受挫的局面,当该行业衰退时,没有能够支撑城市经济社会发展的其他行业,导致经济发展缓慢甚至停滞不前,这是"资源诅咒"的真正原因,并非资源丰富地区的经济发展都会受到资源的约束,而是由于煤炭资源型城市在其发展中仅依靠资源型产业进行发展,缺乏多元化经济的发展,致使地区发展陷入困境[177]。处于衰退期时不仅面临因资源短缺造成产业发展受挫的困境,也面临着环境危机爆发所带来的一系列问题和社会保障不完善导致的历史遗留问题。所以,在这一时期,充分结合地区空间结构,综合运用制度改革、产业不断升级及要素创新等多种方法来促进煤炭资源型城市进行转型发展，这是大多煤炭资源型城市在发展中必经的一个时期。一些城市因空间结构合理、制度改革有力、转型速度快、效果好经历的时期较短，受资源枯竭影响不严重；一些城市发展会陷入困境，直至找到新的经济点才能摆脱困境，完成转型；一些城市则是一蹶不振，就此衰落。可见，衰退期煤炭资源型城市转型的主导供给是空间结构、制度改革。

3.5.4 再生型城市

煤炭资源型城市找到新的经济增长点后，便进入了再生期。在此过程中，受空间结构、产业升级、制度改革、要素创新等供给的综合影响，这一时期，煤炭资源型城市受到政府宏观政策的指引和市场主导，逐渐摆脱自然资源的"路径依赖"对经济发展的约束作用，要素创新能力的提升、产业结构的完善、产业集聚园区的形成使城市产业结构的发展呈现出健康、多元的态势，接续替代产业在原有优势产业的基础上，通过深加工，拓展产业链，提升技术含量和产品附加值，以此加快地区的产业升级。此外，这一时期随着地区之间的相互联系加强，最大限度地优化空间结构，在政策指导下不同区域煤炭资源型城市，开始从协同发展转向一体化，从而加快我国煤炭资源型城市整体转型速度。

综上所述，煤炭资源型城市绿色转型的结构构成、制度体系、要素投入和生态建设等因素在不同的时期发挥着不同的促进作用，但其在转型过程中又是不可或缺的，动态调控机制如图 3-4 所示。

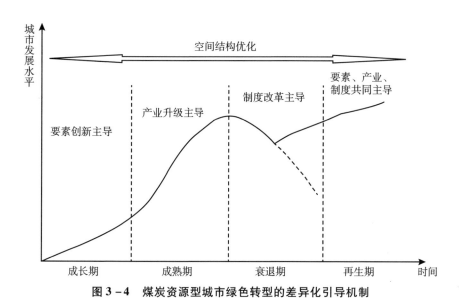

图 3 - 4 煤炭资源型城市绿色转型的差异化引导机制

3.6 本 章 小 结

本章运用城市生命周期理论、脆弱性理论、系统论、空间经济学等理论，分别从宏观、中观、微观视角剖析煤炭资源型城市绿色转型驱动因子的内在作用机理与调控机制。梳理构建了制度体系、结构构成、生态建设和要素投入四大因素，从优化升级结构构成、制度体系改革、要素投入革新、生态文明建设四个方面进行传导作用分析，论述结构优化升级是核心、制度体系改革是保障、要素投入革新是支撑、生态文明建设是导向，通过压力、内动力、支撑力以及保障力相互作用形成合力，共同促进煤炭资源型城市转型发展。进而阐述了河南省煤炭资源型城市绿色转型动态调控和差异化引导机制，明晰河南省煤炭资源型城市绿色转型的逻辑框架及动力机理。

第4章 河南省煤炭资源型城市绿色转型经济—环境—社会协调发展研究

当前，资源型城市逐渐表现出自然资源枯竭、产业结构单一、生态环境恶化、经济增长乏力等问题。可持续发展作为既满足当代人的需求又不危及后代人满足其需求的能力的发展。煤炭资源型城市转型发展要体现经济、社会、资源环境的协调发展理念。本章从资源型城市各发展要素的协调性出发，基于资源稀缺、生态学、资源型城市生命周期和可持续发展理论，遵循客观性、系统性、易获取性等原则，筛选在煤炭资源型城市协调发展过程中对城市协调发展影响显著的因子作为煤炭资源型城市经济—环境—社会协调发展评价指标；继而，采用熵权法确定指标权重，在权重确定的基础上，引入了理想点模型，构建煤炭资源型城市协调发展评价模型，探究煤炭型城市经济—环境—社会协调发展程度及空间差异，评判煤炭资源型城市经济—环境—社会协调发展水平，为煤炭资源型城市绿色转型效率评估和转型路径奠定基础。

4.1 TOPSIS 模型基本原理

城市协调发展评价的关键是评价模型正确合理，这也是煤炭资源型城市协调发展评价的难点之一。城市协调发展评价与 GIS（地理信息系统）、RS（遥感技术）、城市规划以及区域经济等学科交叉结合，但是不同评价方法得到的评价结果有可能千差万别。所以，在城市协调发展评价方法的操作过程中，选择的评价方法，应该统筹考虑不同研究区域的空间范围、时间分布等特点。只有这样，才能尽可能确保得到科学合理、符合实际的城市协调发展评价结果。

目前，城市协调发展评价方法主要有模糊综合评价法、聚类分析法、主成分分析法、灰色关联分析法等，但是上述研究方法对城市协调发展评价指标数据的数量、质量以及分布等各方面都有一定要求，以至于提高了这些评价方法在城市协调发展评价中的运用难度。但是理想点模型可以在某种程度上抵消这些评价方法的运用局限。理想点模型是为了便于研究而建立起来的一种高度抽象的评价方法。它是当我们为了某种研究目的，从某个特殊角度对特定客体进行研究时，忽略其数据分布、含量指标数量等条件限制，运用更加灵活、更加简便。不仅适用于小样本客体，也可以应用于多个条件的多个时间指标之间的横向和纵向分析。TOPSIS 法（technique for order preference by similarity to ideal solution）又称逼近理想解排序法和理想点法[178]，是根据若干有限个评价对象与理想化目标的接近程度进行排序的方法，根据设计方案各评价指标体系的正理想解和负理想解，构建与设计方案之间距离的二维空间数据信息，是一种多目标管理决策的统计分析方法。被广泛运用于生态效益评价、生态环境承载力评价、环境综合治理方案和决策评价等方面，在现实研究过程中取得了良好的评价效果[179][180][181]。评价指标体系与正理想解和负理想解，计算各评价模块与理想解的相对接近度指标值。如果评价模块的相对亲密度指数值越大，则相应模块土地资源的绿色生态质量越好[182]。

本书基于数据标准化处理的基础上，开展基于 TOPSIS 模型的煤炭资源型城市协调发展评价。

4.2 煤炭资源型城市绿色转型协调发展评价模型构建

4.2.1 指标选取原则

对煤炭型城市协调发展进行评价，关键环节是对评价指标体系的合理构建，评价结果的科学性受指标体系的合理性影响。综合分析考虑各个城市的经济发展水平、社会发展现状、生态环境的利用程度等相关因素，能够相对客观地评价煤炭资源型城市协调发展度。

煤炭型城市协调发展评价指标体系应建立在深刻认识到城市协调发展评价特点及其内涵的基础上，结合不同评价指标体系，融合各自评价指标体系的优点，并考虑到不同煤炭资源型城市的特点与问题，构建出合理准确的城市协调发展评价指标体系，便于解决煤炭资源型城市发展中存在的不同问题，为煤炭资源型城市转型以及资源集约节约利用提供良好的基础。

从大局出发，将整合在一起的国家或地区在社会、经济、生态环境、资源等方面的信息进行综合分析评价，可以将该国家或地区的可持续发展状况进行更加准确地反映。因此，煤炭资源型城市可持续发展状况的评价也是综合性，是建立在经济、社会、资源和生态环境均可持续的基础上进行的一个总体性评价。在充分考虑到上述四个方面因素的基础上，所选取指标的数据要具有可靠性，计算起来具有简便性，同时具有系统统一性等原则，因此要遵循以下四个基本原则来制定煤炭资源型城市可持续发展指标：

（1）客观性原则

客观评价指标是保证评价结果科学性的关键原则，只有遵循客观性原则，才能对研究客体有着真实、客观、正确的理解，才能把研究客体真实的状态正确的揭示出来，从而有利于后期对研究对象进行定性或定量分析，使获得的研究成果更为科学，更具有指导意义。

客观性原则体现的特点是理论与实践相结合，一方面有理论依据做支撑，另一方面又可以将评价对象的实际状况在一定程度上真实地反映出来。因为评价指标体系是运用理论与实际相结合的方法得出的，保证客观描述评价对象，需要采用合适的定量与定性方法，建立模型来辅助研究，可以尽量清楚、简练、符合实际地对客观情况进行抽象描述。

（2）系统性原则

指标的选取要具有系统性，能够完整系统地体现出其特点和性质。评价指标需要用多个指标进行描述，指标与指标间要相互存在联系，一部分指标之间是反映研究对象在不同的侧面间的横向关联，另一部分指标是反映研究对象在不同的层次间的纵向关联。处于同一层级的指标之间不能存在相互包含关系，以此避免组间重叠现象。在组建系统性指标体系的时候，要依据系统优化的原则，使指标体系尽可能地包含系统的全部所需要信息，同时又具有简单、明了的特点。

（3）通用可比性原则

通用可比性指的是在不同的时期内和不同对象之间可以进行比较，换句话说指标体系中的指标既能进行横向比较，又可以进行纵向比较。

（4）易获取性原则

把环境发展指标、社会发展指标列在城市可持续发展指标评价体系内有助于全面地分析一个煤炭资源型城市的未来发展情况。但针对县市级行政区域，数据易获取性通常尤为重要，它直接决定指标的完整性和系统性。

4.2.2　指标体系筛选

煤炭资源型城市在经济快速增长的同时，也会产生资源枯竭、社会动荡、环境污染等诸多问题，把环境发展指标、社会发展指标列在城市可持续发展指标评价体系内有助于全面地分析一个煤炭资源型城市的未来发展情况。针对研究区煤炭资源型城市，遵循评价指标体系构建的系统性、客观性以及易获取性等原则，从经济、环境、社会这三个层面出发，构建煤炭资源型城市协调发展的评价指标体系，使用熵权法明确各个指标在整个评价指标体系中权重，结合基础理想点模型建立基于熵权 TOPSIS 模型的煤炭资源型城市协调发展评价模型如表 4 - 1 所示。

表 4 - 1　河南省煤炭资源型城市经济—环境—社会协调发展指标体系

系统	子系统	指标层	单位
煤炭资源型城市经济—环境—社会协调发展	经济子系统（A_1）	人均 GDP（A_{11}）	元
		地方生产总值（A_{12}）	亿元
		工业增加值（A_{13}）	亿元
		第三产业产值占 GDP 比重（A_{14}）	%
		原煤产量（A_{15}）	万吨
		从业人数（A_{16}）	万人
		采矿业从业人数/总从业人数（A_{17}）	%

系统	子系统	指标层	单位
煤炭资源型城市经济—环境—社会协调发展	社会子系统（A_2）	每万人在校大学生数（A_{21}）	人
		农村拥有住房面积（A_{22}）	平方米/人
		卫生机构床位数（A_{23}）	张
		城镇化水平（A_{24}）	%
		职工平均工资（A_{25}）	元
	环境子系统（A_3）	生态用地比重（A_{31}）	%
		空气质量优良率（A_{32}）	%
		建成区绿化覆盖率（A_{33}）	%
		工业废水排放量（A_{34}）	万吨
		地均工业 SO_2 排放量（A_{35}）	万吨

以上三个子系统不仅相互独立，并且相互之间有联系，这三个子系统可以综合反映一个城市的协调发展情况。其中，经济子系统主要反映了一座城市的经济实力和产业结构；环境子系统主要反映了一座城市的环境污染和综合治理情况；社会子系统主要反映了该城市居民的生活水平和规划。

（1）经济子系统指标

经济子系统指标决定着一个城市能否协调发展，经济基础决定着上层建筑。因此协调发展，经济稳定、高效的增长是城市协调发展的首要要求。在看到经济快速增长的同时，也要分析其促进经济增长来源点，重点要放在第三产业产值占 GDP 比重。

为了对目标城市的发展状况进行更加准确的描述，同时考虑到搜集指标数据的难度，通过对相关学者的研究进行分析，本书选用人均 GDP、地区生产总值、工业增加值、第三产业产值占 GDP 比重等为衡量指标。

（2）社会子系统指标

社会子系统指标是指以人为主体构成社会的基本单位，在城市进行协调发展时，分析对人的影响，主要围绕人的生活水平构建的评价指标。

居民安居乐业是城市协调发展的出发点和落脚点，落实到现实生活中通常的体现是居民有稳定收入。这就需要人民既能就业且具有一定工资收入，也就是从业人员数及职工平均工资，有可支配收入的基础上居民才能实现安居乐业。因此，在现有条件下只有使居民生活需求得到满足，城市才可实现协调发展，这是必要前提。减少城乡一体化差异政策，将城镇化率作为城市协调发展的一个社会系统指标。

（3）环境子系统指标

人类社会的发展过程总是伴随着各种各样环境问题的产生，因此在这种背景因素下提出了高质量发展。伴随着环境污染所造成的问题日趋严重，进行环境保护和治理污染受到各级政府广泛关注。2015年1月国家颁布的《国务院办公厅关于推行环境污染第三方治理的意见》中对环境保护的重要意义进行了明确。该文件对环境公用设施进行投资运营及市场化起到了极大推动作用，鼓励企业进行第三方治理。煤矿作为高污染企业，更需要运用第三方治理机制来降低污染。

城市发展和保护环境同时推进是现代社会协调发展的基本要求，废水、废气、固体废弃物是煤矿资源型城市污染的集中体现。提高自然的自我净化能力，是人类对抗生产中造成环境污染的最为原始同时也是最具有自然亲和力的方法。通常是指植树造林，加大绿色植被覆盖率，既可以提高自然对环境污染的自我净化能力，也改善了城镇居民的生活环境。因此选取该指标作为评价地区环境可持续发展状况的指标。

地均工业二氧化硫排放量是一个生态方面的重要评价指标。由于对资源型城市，尤其是将煤矿资源作为主导产业的城市，空气是环境中最脆弱、最易被影响的因素，且对人类生活和健康影响最大。工业生产中的二氧化硫排放量越大，大气中可吸入微粒含量就越高，这将直接危害人类生命健康安全。与此同时，随着空气不断流动，空气污染也将随之扩散，进而造成雾霾天气，这也是阻碍煤炭资源型城市空气环境质量提升的最大问题。

4.2.3   权重确定方法

确定指标体系之后，需要判断各个指标的重要程度，根据其在该体系中的相对重要程度进行权重赋值。常用的有主观赋权和客观赋权法。面对特殊评价情况，会运用主观确定权重。但一般意义来看，通过专家经验主观赋权法通常易于扭曲客观现实，致使评价失真，尤其是面对一些数据量较大的客观现实问题，主观赋权评价法的适用性通常比较差。

客观赋权法是依据历史数据研究指标之间的相关关系或指标与评估结果的影响关系来综合评价。在一些情况下，可以通过信息熵来确定权重（熵权法），尽可能减少主观性，用严格的逻辑性和科学分析对权重进行确定，所得出的权重更加贴近客观现实[183]。

熵权法，熵（entropy）是在 1850 年由德国物理学家克劳修斯（Clausius）创立的，熵主要表示一种能量在空间分布上的均匀程度，越均匀分布，则熵就越大。信息熵是莎侬（Shannon，1948）于 1948 年引入信息论中，用于表示信息源中信号的不确定性[184]。熵在信息论中可用来反映系统的变异程度，也可以用来度量数据的信息量，因此熵可以用来确定权重值。若评价指标值的差距较大，其可提供较大的信息量，则该指标的熵值就会越小，权重就较大；反之，若评价指标有较小的有效信息量，则该指标的权重值越小。其具体步骤如下[185]：

对原始数据进行标准化处理，得到标准化矩阵 X。

$$X = (x_{ij})_{mn} \tag{4-1}$$

计算第 i 个评价单元的第 j 项评价指标的比重 p_{ij}。

$$p_{ij} = \frac{x_{ij}}{\sum\limits_{i=1}^{m} x_{ij}} \tag{4-2}$$

计算第 j 项指标的熵 H_j。

$$H_j = -\frac{1}{\ln(m)} \sum\limits_{j-1}^{m} p_{ij}\ln(p_{ij}) \tag{4-3}$$

计算第 j 项指标的熵权 W_j。

$$w_j = \frac{1 - H_j}{n - \sum\limits_{j=1}^{n} H_j} \tag{4-4}$$

式中，$0 \leqslant W_j \leqslant 1$，$\sum\limits_{j=1}^{n} W_j = 1$。

熵权法求权重与主观赋权法相比，优点在于精度更高、客观性更强，能够将得到的权重结果进行更好的解释。因此，在现实运用中，可以根据评价指标值的差异大小，运用熵值法计算出指标的熵权。

4.2.4　理想点评价模型建立

综上所述，TOPSIS 模型不受限于样本多少、大小影响，既可以纵向的比较，也可以进行横向的比较，能够更加广泛地加以应用。理想点模型具体计算步骤如下。

（1）评价指标数据标准化处理

由于评价受指标单位不同的影响，不能直接进行比较，需要进一步将评价指标的属性值标准化。文中选取的评价指标值与煤炭资源型城市社会经济生态协调发展度的关系有两种情况：一种是呈现正向关系，即协调发展度越大，煤炭资源型城市社会经济生态协调发展度越高；另一种是呈现负向关系，即指标值越大，协调发展度越低[186]。

正向关系的指标标准化采用极差标准化进行，公式为：

$$y_{ij} = \frac{x_{ij} - \min(x_j)}{\max(x_j) - \min(x_j)} \qquad (4-5)$$

呈负向关系的指标标准化处理采用极差标准化，公式为：

$$y_{ij} = \frac{\max(x_j) - x_{ij}}{\max(x_j) - \min(x_j)} \qquad (4-6)$$

（2）构建标准化评价矩阵（P）

根据煤炭资源型城市社会经济生态协调发展各个评价指标标准化后的数据建立标准化评价矩阵：

$$P = \begin{bmatrix} p_{11} & p_{12} & \cdots & p_{1n} \\ p_{21} & p_{22} & \cdots & p_{2n} \\ \vdots & \vdots & & \vdots \\ p_{m1} & p_{m2} & \cdots & p_{mn} \end{bmatrix} \qquad (4-7)$$

公式（4-7）中，P 为标准化后的评价矩阵，P_{ij} 为第 m 个指标第 n 年的标准化值；$i = 1, 2, \cdots, m$，m 为评价指标数；$j = 1, 2, \cdots, n$，n 为评价年份数。

（3） 加权标准化评价矩阵 （R）

根据构建的标准化评价矩阵（P）以及确定的各项指标权重建立加权的标准化评价矩阵：

$$R = \begin{bmatrix} r_{11} & r_{12} & \cdots & r_{1n} \\ r_{21} & r_{22} & \cdots & r_{2n} \\ \vdots & \vdots & & \vdots \\ r_{m1} & r_{m2} & \cdots & r_{mn} \end{bmatrix} \qquad (4-8)$$

公式（4-8）中，$R_{ij} = p_{ij}w_j$，是第 i 个评价单元的 j 项指标值与对应熵权值建立加权的标准评价矩阵。$i = 1，2，\cdots，m$；$j = 1，2，\cdots，n$。

（4） 确立正负理想解

令 B^+ 为评价数据中第 i 个指标在第 j 年内的最大值，就是我们要的最理想的方案，被称为正理想解；B^- 为评价数据中第 i 个指标在第 j 年内的最小值，就是我们要的最不偏好的方案，被称为负理想解，其计算方法见公式（4-9）和公式（4-10）：

$$B^+ = \left\{ \max_{1 \leq i \leq m} b_{ij} \middle| i = 1，2，\cdots，m \right\} = \{ b_1^+，b_2^+，\cdots，b_m^+ \}$$
$$(4-9)$$

$$B^- = \left\{ \min_{1 \leq i \leq m} b_{ij} \middle| i = 1，2，\cdots，m \right\} = \{ b_1^-，b_2^-，\cdots，b_m^- \}$$
$$(4-10)$$

（5） 欧氏距离计算

计算距离的方式有很多种，本书采用比较容易理解的欧氏距离法计算距离，同上令 D_j^+ 为第 i 个指标与 a_i^+ 的距离，D_j^- 为第 i 个指标与

a_i^- 的距离，具体计算方法见公式（4-11）和公式（4-12）：

$$D_j^+ = \sqrt{\sum_{i=1}^{m} (a_i^+ - a_{ij})^2} \qquad (4-11)$$

$$D_j^- = \sqrt{\sum_{i=1}^{m} (a_i^- - a_{ij})^2} \qquad (4-12)$$

公式（4-11）和公式（4-12）中，a_i^+、a_i^- 分别是第 i 个指标在第 n 年取值中的正理想方案和负理想方案。

（6）协调发展度计算

根据下面的公式算出接近值的大小，由于算出的接近值处于 0 到 1 之间，值越大，则代表协调发展度越高，值越低则代表协调发展度越差。

$$C_i = \frac{D_j^-}{D_j^+ + D_j^-} \qquad (4-13)$$

由公式（4-13）得出各评价对象与正理想方案的相对接近程度 C_i。

4.3　河南省煤炭资源型城市经济—环境—社会协调发展评价

4.3.1　协调发展度计算与分级

（1）熵权法指标权重确立

根据前文提到的煤炭资源型城市协调发展评价指标数据标准化的计算步骤，对研究涉及的指标数据进行标准化处理，以 2020 年为例，如表 4 - 2 和表 4 - 3 所示。

表 4 - 2　　　　　　　　　2020 年指标标准化结果

城市	A_{11}	A_{12}	A_{13}	A_{14}	A_{15}	A_{16}	A_{17}	A_{21}	A_{22}	A_{23}	A_{14}	A_{25}	A_{31}	A_{32}	A_{33}	A_{34}	A_{35}
平顶山市	0.42	0.70	0.58	0.97	0.45	1.00	0.90	0.24	0.27	1.00	0.88	0.94	0.38	0.67	0.93	0.93	0.99
鹤壁市	0.53	0.36	0.40	0.44	0.92	0.27	0.93	0.25	0.31	0.31	1.00	0.84	0.24	0.67	0.96	0.91	1.00
焦作市	0.67	1.00	1.00	0.72	0.97	0.71	0.97	0.50	0.44	0.80	0.98	0.91	0.27	0.00	0.93	0.76	1.00
三门峡市	0.68	0.64	0.63	0.69	0.82	0.40	0.66	0.23	0.32	0.49	0.93	1.00	0.97	0.67	0.90	1.00	1.00
宜阳县	0.42	0.12	0.08	0.98	0.89	0.08	1.00	0.31	0.43	0.10	0.56	0.82	0.60	0.67	0.88	0.84	0.99
永城市	0.43	0.22	0.14	0.93	0.78	0.26	0.99	0.22	0.36	0.21	0.77	0.85	0.02	0.67	0.96	0.85	1.00
登封市	1.00	0.29	0.26	0.93	0.58	0.12	0.98	1.00	1.00	0.15	0.94	0.81	0.59	0.67	0.91	0.65	1.00
安阳县	0.17	0.04	0.17	1.00	0.98	0.06	1.00	0.31	0.36	0.01	0.83	0.95	0.27	0.00	0.95	0.95	0.99

正功效指标：包括城市人均 GDP、工业增加值、地方生产总值、第三产业产值占 GDP 的比重、从业人员数、城镇化水平、职工平均工资、生态用地比重、空气质量优良率、建成区绿化覆盖率。负功效指标：包括地均工业 SO_2 排放量。

参考《河南省环境状况公报》中的空气质量等级赋值量化法，分别赋予优级空气质量 1.0 分值、良级 0.9 分值、轻污染级 0.8 分值、中度污染级 0.6 分值、重度污染级 0.4 分值、严重污染级 0.2 分值进行量化。

表 4 - 3　　　　2020 年空气质量指标标准化方法示例

优劣等级	优	良	轻污染	中度污染	重度污染	严重污染
空气质量优良率分值	1.0	0.9	0.8	0.6	0.4	0.2

根据信息熵来确定权重方法［公式（4 - 1）至公式（4 - 4）］计算指标权重，如表 4 - 4 所示。

表 4 - 4　　　2000 ~ 2020 年河南省煤炭资源型城市各评价指标权重

优劣等级	子系统	权重	指标层	权重
煤炭资源型城市协调发展评价	经济子系统（A_1）	0.18	人均 GDP（A_{11}）	0.001
			地方生产总值（A_{12}）	0.002
			工业增加值（A_{13}）	0.006
			第三产业产值占 GDP 比重（A_{14}）	0.011
			原煤产量（A_{15}）	0.116
			从业人数（A_{16}）	0.018
			采矿业从业人数/总从业人数（A_{17}）	0.026
	社会子系统（A_2）	0.27	每万人在校大学生数（A_{21}）	0.035
			农村拥有住房面积（A_{22}）	0.043
			卫生机构床位数（A_{23}）	0.054
			城镇化水平（A_{24}）	0.063
			职工平均工资（A_{25}）	0.073
	生态子系统（A_3）	0.55	生态用地比重（A_{31}）	0.084
			空气质量优良率（A_{32}）	0.095
			建成区绿化覆盖率（A_{33}）	0.105
			工业废水排放量（A_{34}）	0.128
			地均工业 SO_2 排放量（A_{35}）	0.140

首先，经济子系统指标权重在整个煤炭资源型城市协调发展评价中较为重要，共占权重为 0.50，其中地区生产总值和工业增加值相对其他指标权重较大。因此，煤炭型城市协调发展在很大程度上依赖于经济发展。其次，社会子系统指标相对于生态子系统来说所占权重较大，约为 0.28，其中，当地职工平均工资相较于其他指标所占权重较大。最后，生态子系统所选的四个指标中，空气优良率相较于其他指标所占权重较大。

（2）协调发展度与等级划分

通过构建基于熵权 TOPSIS 的煤炭资源型城市协调发展评价模型，以所选的 8 个城市为评价单元，对经济、环境、社会 3 个层面的 17 个指标进行综合评价，具体过程如下：

第一，依据所收集的煤炭资源型城市协调发展指标体系的指标原始值，构建由指标原始值组成的矩阵 X：

$$X = \begin{vmatrix} x_{11} & x_{12} & \cdots & x_{1n} \\ x_{21} & x_{22} & \cdots & x_{2n} \\ \vdots & \vdots & & \vdots \\ x_{m1} & x_{m2} & \cdots & x_{mn} \end{vmatrix} = \begin{vmatrix} 5680.00 & 271.50 & \cdots & 95.30 \\ 11505.00 & 557.99 & \cdots & 31.74 \\ \vdots & \vdots & & \vdots \\ 18765.15 & 99.08 & \cdots & 1.21 \end{vmatrix}$$

$$(4-14)$$

公式（4-14）中，X 为指标原始值的评价矩阵，x_{mn} 为第 m 个指标第 n 个评价单元的原始值；$n = 1$，2，$\cdots$，11，n 为评价指标数；$m = 1$，2，$\cdots$，40，m 为评价年份数（即 8 个城市的 5 个所选年份，如表 4-5 至表 4-8 所示）。

表 4-5　2000~2020 年煤炭资源型城市指标值与正负理想解的欧氏距离

年份	平顶山市		年份	鹤壁市	
	D_j^+	D_j^-		D_j^+	D_j^-
2000	0.65	0.47	2000	0.59	0.61
2005	0.56	0.55	2005	0.54	0.69
2010	0.53	0.64	2010	0.48	0.73
2015	0.49	0.67	2015	0.50	0.73
2020	0.35	0.80	2020	0.38	0.80

表 4-6　2000~2020 年煤炭资源型城市指标值与正负理想解的欧氏距离

年份	焦作市		年份	三门峡市	
	D_j^+	D_j^-		D_j^+	D_j^-
2000	0.63	0.56	2000	0.64	0.61
2005	0.51	0.66	2005	0.50	0.69
2010	0.52	0.71	2010	0.40	0.78
2015	0.49	0.72	2015	0.47	0.69
2020	0.41	0.80	2020	0.29	0.85

表 4-7　2000~2020 年煤炭资源型城市指标值与正负理想解的欧氏距离

年份	宜阳县		年份	永城市	
	D_j^+	D_j^-		D_j^+	D_j^-
2000	0.64	0.58	2000	0.69	0.65
2005	0.70	0.56	2005	0.60	0.67
2010	0.70	0.47	2010	0.51	0.68
2015	0.64	0.53	2015	0.54	0.68
2020	0.77	0.38	2020	0.44	0.76

表 4-8　2000~2020 年煤炭资源型城市指标值与正负理想解的欧氏距离

年份	登封市		年份	安阳县	
	D_j^+	D_j^-		D_j^+	D_j^-
2000	0.54	0.67	2000	0.59	0.64
2005	0.52	0.66	2005	0.55	0.66

年份	登封市		年份	安阳县	
	D_j^+	D_j^-		D_j^+	D_j^-
2010	0.48	0.66	2010	0.51	0.69
2015	0.38	0.66	2015	0.52	0.72
2020	0.35	0.78	2020	0.49	0.79

第二，根据煤炭资源型城市社会经济生态协调发展各个评价指标标准化后的数据建立标准化评价矩阵：

$$P = \begin{vmatrix} p_{11} & p_{12} & \cdots & p_{1n} \\ p_{21} & p_{22} & \cdots & p_{2n} \\ \vdots & \vdots & & \vdots \\ p_{m1} & p_{m2} & \cdots & p_{mn} \end{vmatrix} = \begin{vmatrix} 0.03 & 0.11 & \cdots & 0.15 \\ 0.10 & 0.23 & \cdots & 0.72 \\ \vdots & \vdots & & \vdots \\ 0.17 & 0.04 & \cdots & 0.99 \end{vmatrix}$$

$$(4-15)$$

公式（4-15）中，P 为标准化后的评价矩阵，P_{mn} 为第 m 个指标第 n 年的标准化值；$i = 1，2，\cdots，m$，m 为评价指标数；$j = 1，2，\cdots，n$，n 为评价年份数。

第三，依据标准化评价矩阵评价值，与相应熵权法确定的权重 W_j 相乘，构建加权标准化评价矩阵 R：

$$R = P_{mn} \times W_j = \begin{vmatrix} 0.03 & 0.11 & \cdots & 0.15 \\ 0.10 & 0.23 & \cdots & 0.72 \\ \vdots & \vdots & & \vdots \\ 0.17 & 0.04 & \cdots & 0.99 \end{vmatrix} \times$$

$$(4-16)$$

$$\begin{vmatrix} 0.113757 & 0.165502 & \cdots & 0.018502 \\ 0.113757 & 0.165502 & \cdots & 0.018502 \\ \vdots & \vdots & & \vdots \\ 0.113757 & 0.165502 & \cdots & 0.018502 \end{vmatrix}$$

公式（4-16）中，R_{mn} 为标准化评价矩阵评价值与相应权重的乘积；$m=1，2，\cdots，40$，m 为评价单元数，$n=1，2，\cdots，11$，n 为评价指标数。

第四，依据构建的加权标准化评价矩阵，计算正理想解 Z^+、负理想解 Z^-：

$$Z^+=(\max R_{mn})=(Z_1^+，Z_2^+，\cdots，Z_n^+)=(0.1138，0.1355，\cdots，0.0185)$$

$$(4-17)$$

$$Z^-=(\min R_{mn})=(Z_1^+，Z_2^+，\cdots，Z_n^+)=(0，0，\cdots，0)$$

$$(4-18)$$

$m=1，2，\cdots，40$，m 为评价单元数，$n=1，2，\cdots，11$，n 为评价指标数。

第五，依据计算的正理想解、负理想解，计算到正理想解的距离 D_i^+ 与到最劣解的距离 D_i^-。

$$D_i^+=\sqrt{\sum_{j=1}^n (R_{ij}-Z_j^+)^2}$$
$$=\sqrt{(0.0040-0.1138)^2+(0.0180-0.1355)^2+\cdots+(0.0028-0.0185)^2}$$

$$(4-19)$$

$$D_i^-=\sqrt{\sum_{j=1}^n (R_{ij}-Z_j^-)^2}$$
$$=\sqrt{(0.0040-0)^2+(0.0180-0)^2+\cdots+(0.0028-0)^2}$$

$$(4-20)$$

公式（4-19）和公式（4-20）中，R_{ij} 为标准化评价矩阵评价值与相应权重的乘积，$i=1，2，\cdots，m$，m 为评价单元数，$j=1，2，\cdots,n$，n 为评价指标数。Z_i^+、Z_i^- 分别为第 j 项指标的正理想解与最劣解。

第六，根据计算的 D_i^+、D_i^-，计算每个评价单元对理想解的相对接近度指数 C_i：

$$C_i = \frac{D_i^+}{D_i^- + D_i^+} = \begin{vmatrix} \dfrac{0.41}{(0.41+0.77)} \\ \dfrac{0.45}{(0.45+0.68)} \\ \cdots \\ \dfrac{0.51}{(0.51+0.77)} \end{vmatrix} = \begin{vmatrix} 0.35 \\ 0.40 \\ \cdots \\ 0.40 \end{vmatrix} \qquad (4-21)$$

公式（4-21）中，接近度指数 C_i 作为评价单元的城市协调发展度。

判断城市协调发展的等级是一种相对概念，不存在绝对的协调发展度优劣判断标准，是进行相对的等级划分。经常运用到的等级划分方法有：等间距分级法、自然断点分级法、标准差分类方法和自定义间距分级法等。等间隔分类方法将属性值划分为相等的大小范围。标准差分类方法用于显示要素属性值与平均值之间的差异。自定义间距分级法可以根据自身研究进行属性值的分级。

本书选用自然断点分级法，在统计数列中有一些自然转折点和特征点，可以通过这些点把研究对象分成若干个性质相似或者相近的群组，因此这些断点本身可以作为分级的界线。选择分级断点时遵循的基本原则是把各级别中的内部变异综合使其达到最小，并把各个级别之间存在的差异最大化。在城市协调发展评价基础上，运用 ArcGIS 软件，以自然断点分级标准对河南省煤炭资源型城市协调发展度进行分级。运用数理统计法，对所选的煤炭资源型城市协调发展度自然转折点特征作为依据，把协调发展度依次按照从高到低的变动程度分为良好、一般、较差 3 个等级，进行分级，如表 4-9 所示。

表 4 - 9　　　　河南省煤炭资源型城市协调发展等级划分

城市协调发展等级	良好	一般	较差
城市协调发展度	0.60 ~ 0.75	0.50 ~ 0.60	0.42 ~ 0.50

4.3.2　协调发展演变过程及变化规律

由图 4 - 1 可知，2000 ~ 2020 年河南省煤炭资源型城市经济、生态和社会协调发展度处于良好与一般水平（0.50 ~ 0.67），协调发展度水平不高，但总体上呈现波动增加的态势，协调发展度从 2000 年的 0.50 增加到 2020 年的 0.67，增加速率约为每年 0.036。协调发展度不断提高主要归功于近年来河南省各市加快转变经济社会发展方式，大力推进生态文明建设，促进煤炭产业结构转型升级，推动经济社会发展与生态环境保护相协调，提升了资源利用效率，改善了生态环境质量，因而经济—环境—社会协调发展度呈提升态势。

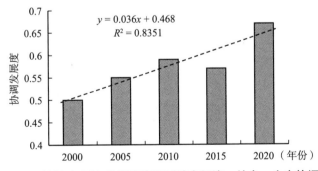

图 4 - 1　2000 ~ 2020 年河南省煤炭资源型城市经济、社会、生态协调发展特征

尽管河南省煤炭资源型城市协调发展度演变趋势总体呈增加态势，但是各市协调发展的演变态势不尽相同。总体来看，可以将这

8个城市分为三类：显著上升、波动上升、平稳上升。其中，显著上升的城市有平顶山市和三门峡市，平顶山市的协调发展度2000年为0.42，而2020年显著提升为0.69；三门峡市的协调发展度值由2000年的0.49跃至2020年8市中的首位0.75，这也印证了这两个城市均为成熟型煤炭资源型城市的定位如图4-2至图4-9所示。

其中，鹤壁市和焦作市的绿色转型协调发展度是波动上升的，这两个城市在2000年的协调发展度分别为0.50和0.47，2020年城市协调发展度分别提升至0.68和0.66。这两个城市的协调发展度发展轨迹也极为相似。宜阳县、永城市、登封市以及安阳县这4个城市的协调发展度在整个研究时段都属于平稳上升型。其中，安阳县在4个城市之中最为显著，2000年安阳县的协调发展度为0.52，而2020年提升至0.62，仅提升了0.09，相对来讲增速较为缓慢。

按上述分级标准，三门峡市、平顶山市和焦作市为良好协调发展城市，同时评价也符合城市的地区生产总值等经济指标的总体走向。登封市和鹤壁市为一般协调发展城市，通过理想点模型计算得出的协调发展评价值处于中等水平。永城市、宜阳县和安阳县协调发展较差，这3个区域的评价值不高，主要受限于区域面积、经济水平以及原煤产量等因素。

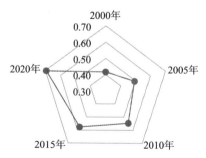

图4-2 平顶山市经济—环境—社会协调发展度

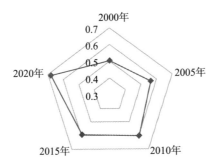

图 4 – 3　鹤壁市经济—环境—社会协调发展度

图 4 – 4　焦作市经济—环境—社会协调发展度

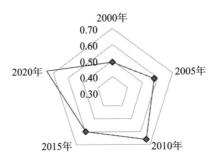

图 4 – 5　三门峡市经济—环境—社会协调发展度

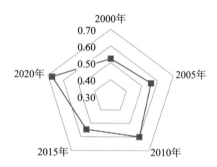

图 4 - 6　宜阳县经济—环境—社会协调发展度

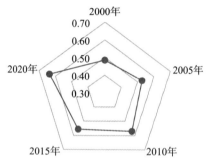

图 4 - 7　永城市经济—环境—社会协调发展度

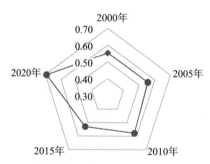

图 4 - 8　登封市经济—环境—社会协调发展度

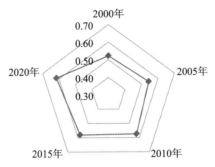

图4-9　安阳县经济—环境—社会协调发展度

由于各市煤炭资源禀赋及其利用方式、生态环境态势、经济社会发展进程等不尽相同，就煤炭资源型城市发展类型来看，河南省成长型和再生型煤炭资源型城市协调发展度增加速率较小，分别为0.031和0.022，而成熟型和衰退型煤炭资源型城市协调发展度增加速率较大，均到了0.045以上（如图4-10所示）。在成长期，煤炭资源的开采速度过快，导致煤炭资源型城市经济增长过于依赖

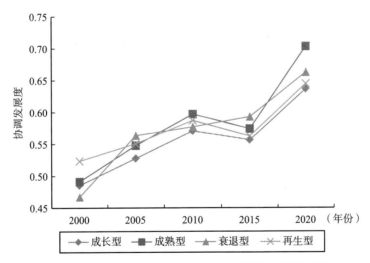

图4-10　2000～2020年河南省不同类型煤炭资源型城市经济、社会、生态协调发展特征

煤炭资源，此时经济增长的速度虽然比较快，但是却以牺牲城市的环境和土壤保护为代价；成熟和衰退期，煤炭资源趋于枯竭、开采速度减缓，寻求产业转型和环境治理来缓解资源环境经济间矛盾，协调发展度逐渐增加。

4.3.3　协调发展空间格局特征

从空间分布上来看，2000 年河南省煤炭资源型城市协调发展度较低，协调发展度介于 0.42 ～ 0.55 之间，经济—环境—社会协调发展程度多处于较差水平，然而对于再生型煤炭资源型城市来说其协调发展度为 0.52，明显高于其他类型资源城市，这与再生型煤炭资源型城市起步早、发展程度相对比较高有关，如表 4 - 10 所示。随着经济的迅速增长，河南省煤炭资源型城市协调发展度有所增加，至 2010 年协调发展度基本处于一般水平，鹤壁市和三门峡市经济—环境—社会协调发展度最高，分别为 0.60 和 0.66，达到良好行列。2010 年处于中国煤炭产业高速发展的"黄金十年"，煤炭资源带动下所有城市经济发展迅速，尤其是处于成熟期的煤炭资源型城市，飞速发展的煤炭行业带动社会经济全面发展。党的十八大明确提出，把生态文明建设作为中国特色社会主义事业"五位一体"战略布局之一，建设生态文明，关系人民福祉，关乎民族未来，同时《环境保护税法》要求严格控制在生态功能区内开采矿产资源，加大生态环境治理力度。另外，随着我国城市化、工业化发展给资源环境带来的压力不断增大，推动城市绿色转型，生态环境的发展和进步已经成为城市核心竞争力的重要指标。实现经济绿色低碳增长，是所有城市多层次绿色低碳循环发展的必然趋势，也是实现碳达峰、碳中和目标的内在要求。

表 4 - 10　　　　　2000 ~ 2020 年河南省煤炭资源型
城市协调发展度时空演变规律

城市	年份				
	2000	2005	2010	2015	2020
平顶山市	较差	较差	一般	良好	良好
鹤壁市	较差	一般	良好	良好	良好
焦作市	较差	一般	一般	良好	良好
三门峡市	较差	一般	良好	良好	良好
宜阳县	较差	一般	一般	良好	良好
永城市	较差	一般	一般	良好	良好
登封市	一般	一般	一般	一般	良好
安阳县	较差	一般	一般	良好	良好

4.4　本 章 小 结

　　以河南省煤炭资源型城市为研究对象，构建基于熵权 TOPSIS 的煤炭资源型城市经济—环境—社会协调发展评估模型，探究 2000 ~ 2020 年河南省煤炭资源型城市协调发展动态演化趋势及煤炭资源型城市协调发展异质性特征，识别各要素间协调发展的水平，为促进煤炭资源型城市绿色转型提供重要支撑。

　　第一，基于资源稀缺、生态学、资源型城市生命周期和可持续发展理论，从经济、社会、生态三个视角筛选对煤炭资源型城市绿色转型过程中，具有重要指示作用的 17 个因子作为煤炭资源型城市经济—环境—社会协调发展评价指标，构建基于熵权 TOPSIS 的河南省煤炭资源型协调发展评价模型。

　　第二，2000 ~ 2020 年河南省煤炭资源型城市经济、生态和社会协调发展度呈波动增加的态势，增加速率约为 0.036/每年，协调发展程度逐步转为良好水平。其中平顶山市和三门峡市协调发展度增速较快，分别为全省增速的 1.76 倍和 1.48 倍，而登封市和安阳县的城市协调发展度增速较慢。

第三，2000～2020 年成熟型和衰退型煤炭资源型城市经济、生态和社会协调发展度增速最快，速率高于全省平均水平，协调发展度也逐渐高于其他类型城市。再生型煤炭资源型城市协调发展起步早，但协调发展度增速最为缓慢，成长型煤炭资源型城市协调发展水平最低。

第5章 河南省煤炭资源型城市绿色转型效率及障碍因子诊断

　　2021年，河南省人民政府印发的《河南省国民经济和社会发展第十四个五年规划和二〇三五年远景目标纲要》，明确提出要加快建设生态强省，深入践行习近平生态文明思想，牢固树立"绿水青山就是金山银山"理念，推进生态保护系统化、环境治理精细化、资源利用高效化，促进经济社会发展全面绿色转型。然而，当前资源型城市要素资源的配置水平及利用效率，是困扰和制约煤炭资源型城市绿色转型的关键问题，需要从根本上改变城市要素资源的配置水平和转型效率。城市效率是指在一定的生产技术条件下，资源要素的投入与有效产出的比值，是一个城市所有投入要素资源的配置水平、运行水平和管理状态的综合体现。探讨煤炭资源型城市的绿色转型效率及其变化，厘清煤炭资源型城市绿色转型效率的障碍因子，对于制定和调整煤炭资源型城市的扶持政策，推进经济社会持续平稳健康发展具有重要意义。本章基于经济、社会、资源、环境视角构建河南省典型煤炭资源型城市绿色转型效率评价体系，联合运用数据包络分析（DEA）及DEA交叉评价模型，探讨河南省煤炭资源型城市绿色转型效率、投入冗余程度和产出不足，剖析不同类型城市间绿色转型效率的差异化特征及制约因素，为提升煤炭资源型城市绿色转型发展效率提供科学支撑。

5.1 DEA 模型基本原理

煤炭资源型城市绿色转型效率研究的关键是运用正确合理的模型，同时这也是分析转型效率的难点之一。城市绿色转型研究与地理信息系统（GIS）、遥感技术（RS）、城市规划以及区域经济等学科交叉结合，但不同解析模型的侧重点与评价结果不尽相同。因此，在城市绿色转型效率解析的现实研究中，应充分考虑研究区域的范围大小、时间长短等特征来选取解析模型，这样才能保证城市绿色转型效率的解析结果科学合理。当前针对城市绿色转型效率的解析方法有：专家评分法、数据包络分析、层次分析法、灰色综合评价、模糊综合评价、人工神经网络或者基于统计和经济评价分析等方法。上述评价方法具有各自不同的典型特点，其中数据包络分析法具有客观性强的特点，在处理输入多、输出多的有效性评价方面体现出较大的分析优势。

数据包络分析（data envelopment analysis，DEA）的原理，主要是通过对决策单元保持输出或输入不变，在应用数学规划和统计数据确定相对有效的生产前沿面，再将决策单元逐个映射到 DEA 的生产前沿面上，并通过对决策单元与 DEA 前沿面偏离程度的分析来对它们相对有效性进行评价[187][188][189]。在现实应用中，投入指标、产出指标都有各自不同的量纲，因此对数据进行预处理时，必须把量纲不统一的问题考虑在内，而在 DEA 中最后决策单元（decision making units，DMU）的效率值和所选取的投入产出指标量纲不存在关联，在应用时无须考虑因量纲不同问题再做数据预处理，使用起来较为方便。DEA 突出的优点是不需要进行任何权重假设，通过 DMU 在实际数据中运算出来的最优权重确定评价过程中的权重，因此将主观因素影响降到最低，客观性得以彰显[190][191]。

　　通过该模型可以计算得出纯技术效率值、规模效率值以及综合技术效率值，从而综合解析各个生产单元决策的单元的效率。纯技术效率和规模效率分别反映的是不同的决策单元在最佳规模时的生产效率和实际生产规模与最优生产规模之间的差距。综合技术效率是指对资源的配置、效率等能力进行综合分析后再做决定。纯技术效率是指通过改变管理、技术等影响因素从而改变生产效率。产业结构能否满足总体要求（综合效益），使之成为最具经济和社会效益的高效产业。规模是企业规模所影响的生产能力，论产业结构优化配置对生产单位的影响。综合技术效率的值等于 1 时，表示的是该决策单元的投入与产出之间是综合有效的，同时也表示技术、规模均有效。纯技术效率的值等于 1 时，表示在当前技术下，其投入资源的使用不是无效的，之所以不能达到综合有效是其规模目前没有达到有效标准，需要在进一步发挥规模、增加产生效益上下功夫。

　　本书从经济、社会、资源、环境四个不同角度，采用 DEA 方法来计算综合技术效率、纯技术效率和规模效率，再进行冗余程度的面板数据分析，可以有效地发现煤炭资源型城市在转型过程中投入产出的不足之处。当投入指标冗余为正值时，代表投入要素可以增加该数值；为负值时就代表投入要素可以相应减少。产出指标冗余为正值代表产出应该比现在增加该数值，为负值代表产出达到并超过预期标准多，意味着产出效果很好。

5.2 绿色转型效率多维度评价模型构建

5.2.1 投入产出指标选取

对投入和产出指标体系的构建和完善，是煤炭型城市绿色转型数据包络模型的关键环节所在，其合理与否将直接影响评价最终结果的科学性。数据包络模型通过综合分析研究区域内各个城市的投入和产出情况等因素，从而对煤炭资源型城市绿色转型效率进行相对客观的评价。

第一，煤炭城市转型效率指标的选取要充分结合我国煤炭城市的特征。我国煤炭城市大多依靠煤炭资源进行建设和发展，但在煤炭资源逐步枯竭的形势下，也面临着退步甚至衰亡的严峻局势，具有城市形成的突发性、对煤炭资源的强烈依赖性、产业结构的单一性和布局的分散性等特征。

第二，煤炭型城市绿色转型效率研究指标体系应在深刻认识到城市协调发展评价特点及其内涵的基础上，将不同评价指标体系的各自优点进行相互结合，并充分考虑不同煤炭资源型城市的特点与问题，用独立、有机统一的指标来构建出尽可能完善的体系，能够较为全面地反映样本城市的转型效率，以便于解决煤炭资源型城市发展中存在的不同问题，为煤炭资源型城市转型以及资源节约利用提供良好的基础。

结合其他相关学者关于资源城市转型效率指标体系的构建的研究[189][192][193]，同时充分考虑 DEA 模型方法对投入和产出指标的相关要求，从社会、经济、环境、资源四个方面的影响因素出发选取

7 个投入产出指标。其中，将就业人员的总数、固定资产的投资、工业用电量 3 个指标作为投入指标。产出指标则包含地区生产总值、单位 GDP 能耗、城镇居民人均可支配收入、空气优良率、原煤产量，如表 5 - 1 所示。

表 5 - 1　　　　　　　　　煤炭城市转型效率评价指标体系

分类	角度	指标名称	单位
投入指标	社会	就业人员总数	万人
	经济	固定资产投资	万元
	资源	工业用电量	亿千瓦时
产出指标	要素	地区经济发展水平	万元
		居民收入水平	元
	结构	产业结构	—
		资源禀赋	吨
	环境	能耗强度	（吨标准煤/万元）
		环境治理水平	%

（1）投入指标

就业人员总数包括在劳动年龄范围内、能够进行劳动、已经参与社会劳动并取得报酬或者通过经营获取收入的全部人口数量。就业人口通过劳动，能够直接创造社会财富。不同地区经济发展水平及方式各不相同，影响着就业人口的规模、构成及分布。地区就业的特点，能宏观反映社会整体的就业状况。

固定资产投资额是指经济社会某一时刻所有的固定资本总量，也可称为是固定资产的投资完成总额。它是这一时刻对投资规模、投资速度、投资比例和应用表现的综合指标。该指标能够相对客观地反映样本城市资金的投入情况，也是对经济方面投入进行评价的最佳指标。

工业用电量是指在一定时段内工业消耗电量的总值，能够反映一个地区的经济发展速度和经济总量。工业用电量是主要经济指标的判断依据，已日益成为一些学者判断经济形势的一个重要指标。

（2）产出指标

地区经济发展水平是指一个国家经济发展速度及其达到的发展规模和发展水准，通常运用国家居民生产总值、国家居民收入、国家居民人均收入、经济的发展速度和增长速度等指标来反映国家的经济发展水平。本书选用地区生产总值来反映该地区经济发展水平，即所有常住单位在一定时期内生产活动的最终成果。

能耗强度也称能源经济效率，是指产出单位的经济量（也可以是实物量、服务量）所消耗能源的总量。能源强度与能源经济效率呈负相关关系，能源经济效率指的是单位 GDP 的能耗，反映的是能源的消耗强度，可以作为能源的消费水平和节约能源降低消耗状况的主要指标。因此，一次的能源消费总量同国内生产总值的比率，是一个能源利用效率指标。

居民收入是指居民的收入水平作为影响市场容量大小的直接因素。一方面，居民收入水平受国家的宏观经济状况影响；另一方面，也受国家收入的分配政策、消费政策等因素影响。居民收入水平是指居民所有现金收入能够用于日常生活花销的那部分收入，可通过人均可支配的收入进行反映。

资源禀赋也可称为是要素禀赋，指一个国家所拥有的各种生产要素，包含有劳动力、土地、资本、技术、管理等。原煤产量是衡量煤炭资源型城市资源禀赋的主要指标，是指在报告期内矿井（露天）所开采出来的没有经过任何加工程序的原煤，在简单加工以后，把大于 50 毫米的大块煤矸拣出，并通过质量检验合格，能够达到规定标准的煤炭产量。

环境治理是一项系统工程，提高环境治理水平是人民日益增长的良好生态环境的客观需要。本书选用空气优良率，具体是指空气的质量，因为空气优良率受各种程度污染的影响，其中，居民死亡率与空气中可吸入颗粒物、飘尘的含量之间呈现出正相关关系。

DEA 交叉效率评价法引入相互交叉的互评法，以此来降低以上弊端的影响，本书通过此种评价方法进一步使城市能够运用对自身最有利的权重来计算城市转型的效率。

5.2.2　DEA 转型效率模型构建

本书以煤炭资源型城市为决策单元（DMUs），采用 DEAP2.1 软件选择规模收益可变假设条件下的 DEA 模型 BCC 方法计算煤炭资源型城市绿色转型效率。具体计算步骤如下：假设有 n 个 DMU，有 m 个投入要素，有 s 个产出要素，DMU_j 代表着第 j 个 DMU，则 DMU_j 的相对效率可以运用解规划问题得出[192]，如公式（5-1）所示：

$$\min\left[\theta - \varepsilon\left(\sum_{i=1}^{m} S_i^- + \sum_{r=1}^{s} S_i^+\right)\right] \qquad (5-1)$$

$$\text{s. t.} \begin{cases} \sum_{j=1}^{n} \lambda_j x_{ij} + S_i^- = \theta x_{ij}, & i = 1, 2, \cdots, m \\ \sum_{j=1}^{n} \lambda_j y_{ij} - S_i^+ = y_{rj}, & r = 1, 2, \cdots, s \\ \sum_{j=1}^{n} \lambda_j = 1 \\ \lambda_j, S_r^+, S_r^- \geqslant 0, & j = 1, 2, \cdots, n \end{cases} \qquad (5-2)$$

其中，θ 表示决策单元的有效值，ε 表示非阿基米德无穷小量，投入指标为 x，产出指标为 y，投入变量系数为 λ，S^+ 为松弛变量，

s^- 为剩余变量。

当 $\theta = 1$ 时，且 $S_r^+ = 0$，$S_r^- = 0$ 时，决策单元 DMU_j 为 DEA 有效，纯技术效率（综合效率）最佳；当 $\theta = 1$ 时，且 $S_r^+ \neq 0$，$S_r^- \neq 0$ 时，DMU_j 表现出 DEA 弱有效，纯技术效率有效，但是其规模是无效的；当 $\theta < 1$ 时，且 $S_r^+ \neq 0$，$S_r^- \neq 0$ 时，DMU_j 为 DEA 无效。其中，当 $\theta < 1$ 时，可按照 θ 的比例压缩实际投入来提高有效性，$S_r^- \neq 0$ 表示有其他 DMU 可以使投入更少但有相同的产出水平，这时，可适当地减少投入，$S_r^+ \neq 0$ 表示的是在相同的投入下而产出过少，应当根据结果对投入产出进行调整，达到 DEA 有效。

本书系统分析综合效率、纯技术效率以及规模效率全面揭示煤炭资源型城市绿色转型效率水平，其中纯技术效益反映生产单元在投入给定的情况下产出最大化的能力，是在不变的市场价格和生产技术条件下，通过要素投入比例生产一定量的产品所需的最小成本与实际成本的百分比。规模效率表示现有规模对产出的贡献程度，值小于 1 意味着生产部门未达到自身的最优生产规模。

5.2.3　DEA 交叉评价模型构建

在使用 DEA 方法进行 DMU 效率评价时，运用有利于自身的方法进行评价，把 DMU 的各项投入产出的权重确定为优化变量，用此种方法所得出来的效率值也可将其称作为 DMU 的自我评估价值，最大发挥了其不受人为因素影响的客观性。但同时也存在着两个方面问题：

第一，往往有多个 DMU 效率值为 1，在 DMU 数量相对较少，而投入和产出的指标相对较多的情况下更为凸显，且无法准确地对有效的 DMU 进行下一步排序；第二，运用该 DMU 最有利的权重计算方法计算出来的效率值，每个 DMU 都扬长避短，因此，计算的最终效率值存在一定不足，无法将 DMU 的优劣全面反映出来，导致评价结果不够客观、不够全面[194][195]。1986 年，针对上述问题，塞克斯顿（Sexton，1986）等学者提出了 DEA 交叉评价，通过交叉，相互制约，相互评价，以此来减缓上述问题，其主要方法是对 n 个 DMU 进行评价，每个 DMU 的权重都采用对自身最有利的计算方式计算各单元效率，使每个 DMU 都得到 n 个评分，取这 n 个评分的平均值作为该 DMU 的最后评价效率，评价结果更全面、更加客观。本书进一步运用 DEA 交叉效率评价法探讨河南省煤炭资源型城市绿色转型效率，使每个城市能够运用对自身最有利的权重来计算各城市的效率。步骤如下：

X_{ij} 表示第 j 个 DMU 的第 i 种投入总量，Y_{ij} 表示第 j 个 DMU 的第 i 种产出的总量。令 $v=(v_1,\ v_2,\ \cdots v_m)^T$ 为投入向量 X 的权系数向量，产出向量 Y 的权系数向量为 $u=(u_1,\ u_2,\ \cdots u_s)^T$。给定 $i\in\{1,\ 2,\ \cdots,\ n\}$，$k\in\{1,\ 2,\ \cdots,\ n\}$，解线性规划如公式（5-3）所示：

$$\min Y_k^T$$

$$\text{s. t.}\begin{cases} Y_j^T u \leqslant X_j^T v,\ 1\leqslant j\leqslant n \\ Y_i^T u = E_{ii}X_i^T v \\ X_k^T v = 1 \\ u\geqslant 0,\ v\geqslant 0 \end{cases} \quad (5-3)$$

得到最优权系数向量 u_{ik}^* 和 v_{ik}^*，由此求出交叉评价值 $E_{ik}=Y_k^T u_{ik}^*$，则由交叉评价值构成交叉评价矩阵，如公式（4-4）所示：

$$E=\begin{bmatrix} E_{11} & E_{12} & \cdots & E_{1N} \\ E_{21} & E_{22} & \cdots & E_{2N} \\ \vdots & \vdots & & \vdots \\ E_{n1} & E_{n2} & \cdots & E_{nn} \end{bmatrix} \quad (5-4)$$

公式（5-4）中，主对角线元素 E_{ii} 是自我评估价值，非对角线元素 $E_{ik}(i \neq k)$ 是交叉评价值。E 的第 i 列是每个决策单元对 DMU_i 的评估价值，该列的评价值越大，则表示 DMU_i 越优[10]。因此，将第 i 列的平均值作为衡量 DMU_i 优劣的一项指标，越大说明 DMU_i 越优，并根据其大小对 DMU 进行排序。

把自评和他评充分结合起来是交叉评价的重点，先从自身优势出发，使 DMU 选择对自身最有利的权重计算方式来自评，再从其他 DMU 方面出发，进行评价。依次用 $n-1$ 个 DMU 的最优权重的计算方式来计算自身效率。因此，交叉评价采用互评的方式，来确保得到的效率值更加具有可比性，得到的效率排序也更准确、可靠。

5.2.4 转型效率等级划分与障碍因子诊断

在 DEA 评价模型计算得出综合效率值的基础上，运用 ArcGIS 软件，以自然断点分级标准对煤炭资源型城市转型综合效率值均值进行分级。以所选的煤炭资源型城市转型综合效率值数理统计的自然转折点特征为依据，按照城市转型综合效率评价值从高到低，按良好、一般、较差依次划分为 3 个等级，进行分级，如表 5-2 所示。

表 5-2　河南省煤炭资源型城市绿色转型综合效率评价值分级

城市转型效率等级	良好	一般	较差
转型综合性效率评估价值	0.80~1.00	0.63~0.80	0.48~0.63

为了保证回归估计的方式更为稳妥，本书采用的是面板回归模型中引入的逐一控制变量的方法[196]。另外，为了更加清晰地分析

回归结果，对引入的核心变量和控制变量进行了区分，构建了经济模型来分析资源型城市的转型效率影响因素，具体如下：

$$E_{it} = \alpha + \beta Str_{it} + \gamma Control_{it} + u_{it} \qquad (5-5)$$

其中，下标 t 表示的是时间周期，本书以年份为时间单位，用 i 表示所研究的样本地区，u 表示的是随机误差项，被解释变量 E 是上述模型所计算出的 DEA 交叉转型效率结果，Str 表示的是核心变量，$Control$ 表示的是控制变量。资源型城市进行绿色转型发展的关键核心是产业结构的不断转型升级，因此，该模型以每个资源型城市的产业结构作为重要的影响因素，以此对资源型城市的产业转型效果进行反映，用 Str 来表示第三产业的产值与地区生产总值的比例，并将其规定为核心变量。β 和 γ 分别表示核心变量和控制变量对资源型城市绿色转型效率的影响系数。以河南省 8 个煤炭资源型城市输出指标，作为影响效率变化的变量。

为了能够更加稳妥地判断资源型城市绿色转型效率受各控制变量的影响情况，采取把每个控制变量逐个加入模型的方法进行估算。模型的估算是基于 Stata 的分析软件运用个体固定效应进行的回归分析。列（1）报告了只包括核心变量的估计结果，列（2）继续加入的控制变量是地区人均生产总值，以此来评价该城市地区的经济发展水平，并采用对数的形式来提高数据的平稳性尽可能地减少存在的异方差性，列（3）继续加入了单位 GDP 能耗变量，列（4）继续加入了城镇居民人均可支配收入作为变量衡量居民的生活水平，并采用对数的形式来提高数据的平稳性尽可能地减少存在的异方差性，列（5）加入了空气优良率作为变量，列（6）加入了原煤产量以此作为控制变量，用来评价城市的资源情况，并采用对数的形式来提高数据的平稳性尽可能地减少存在的异方差性。

5.3 基于 DEA 模型的城市绿色转型效率评价

5.3.1 绿色转型效率演变过程及构成辨析

(1) 综合效率变化特征

2000~2020 年河南省煤炭资源型城市绿色转型综合效率略有上升，但并非平稳增长，而是波浪式变动。其中 2015 年综合效率降幅最大，2020 年增幅最大，增幅达到 11.83%，综合效率达到了最优水平的 85%。总体上，2000~2020 年河南省煤炭资源型城市绿色转型综合效率均值波动于 0.70~0.93 之间（见图 5-1），其中平顶山市、安阳县绿色转型效率较低，尤其是平顶山市综合效率均值最小，为 0.70，即相对其他城市来看投入产出比例和规模欠佳，绿色转型效率还有提升空间。

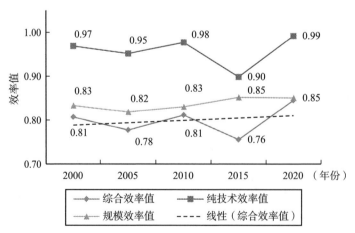

图 5-1 2000~2020 年河南省煤炭资源型城市绿色转型综合效率、
纯技术效率、规模效率对比

不同煤炭资源型城市间绿色转型综合效率变化差异较大，如表 5 – 3 所示。2000～2020 年平顶山市和安阳县的综合效率值波动较大。平顶山市 2000 年的综合效率值为 0.83，然而 2020 年波动下降为 0.48，但在 2010 年达到最高值 0.93，之后持续下降。安阳县 2000 年的综合效率值为 0.57，2020 年波动提高为 1，尤其在 2015～2020 年综合效率由 0.63 增加至 1。三门峡市和宜阳县 2000～2020 年总体综合效率值波动较小。三门峡市 2000 年的综合效率值为 0.67，2020 年波动提高为 0.84，且 2015 年高达 1。宜阳县 2000 年和 2020 年综合效率值均为 1，中间阶段先降至 2005 年的 0.64，自此不断提升。焦作市、永城市、登封市以及鹤壁市等这些城市总体来看综合效率值变动较为平稳。焦作市的综合效率从 2000 年的 0.86 降低至 2020 年的 0.77，其中 2015 年综合效率值最低，为 0.64。永城市在所选年份的综合效率值都较高，其中 2005 年综合效率值为 5 年最低，为 0.76。登封市 2000 年综合效率值为 0.73，此后 2005 年、2010 年以及 2020 年效率值均为 1。鹤壁市 2000 年的综合效率值为 0.86，2020 年波动下降为 0.68，其中效率值最低的年份是 2015 年。

表 5 – 3　　　　2000～2020 年河南省煤炭资源型城市
绿色转型综合效率空间波动特征

城市	综合效率值变异系数	综合效率值趋势线斜率
平顶山市	0.21～0.29	– 0.02～0.00
鹤壁市	0.11～0.13	0.00～0.02
焦作市	0.11～0.13	– 0.02～0.00
三门峡市	0.13～0.21	0.00～0.02
宜阳县	0.13～0.21	0.00～0.02
永城市	0.11～0.13	– 0.02～0.00
登封市	0.11～0.13	0.00～0.02
安阳县	0.21～0.29	0.00～0.02

总的来看，宜阳县、永城市、登封市和安阳县4座煤炭资源型城市2020年绿色转型纯技术效率和规模效率同时达到1时，说明这些城市的绿色转型效率在目前是相对有效。这与现阶段该城市的发展状况是基本吻合的，例如安阳县和宜阳县作为我省确定的煤炭资源再生型城市，结合自身实际不断探索，产业结构不断优化，现代物流、文化旅游等现代服务业比重上升。安阳县的综合效率值最优也得益于政府各种文件引导、科学技术的提升以及集约节约保护资源提高资源利用率观念的提升。

（2）纯技术效率变化特征

从城市绿色转型效率的构成角度来看，纯技术效率在河南省煤炭资源型城市的绿色转型相对较高，且达到纯技术效率最优的城市数量有增加的趋势。河南省纯技术效率的平均值一直稳定在0.90~0.99，多年平均约为0.96，较综合效率和规模效率分别增加0.20和0.14，且2000年、2010年、2020年，资源型城市绿色转型纯技术效率最优城市数分别为6个、6个和7个，说明2000~2020年河南省煤炭资源型城市要素资源配置和利用的效率较高，趋于最优水平。

具体城市而言，2000~2020年平顶山市和永城市5个年份均为纯技术有效，达到最佳水平，这表示平顶山市和永城市投入最小化已基本实现。宜阳县、焦作市、三门峡市以及登封市这4个城市的平均纯技术效率相较于平顶山市和永城市略有逊色，不过也都处在0.95~1.00之间，且半数以上的年份是纯技术有效，表明几个城市也基本实现了投入最小化。鹤壁市和安阳县平均纯技术效率处在0.87~0.88之间，且纯技术有效年份较少，纯技术效率与规模效率差值约为0.05，表明鹤壁市和安阳县还没有做到投入最小化，且投入要素的使用效率低下，如图5-2至图5-9所示。

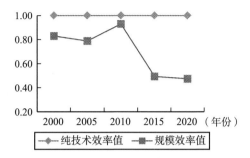

图 5 - 2 2000～2020 年平顶山市纯技术效率、规模效率变化

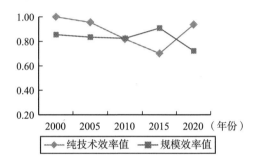

图 5 - 3 2000～2020 年鹤壁市纯技术效率、规模效率变化

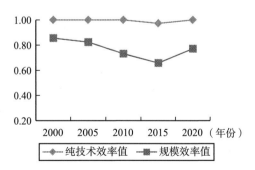

图 5 - 4 2000～2020 年焦作市纯技术效率、规模效率变化

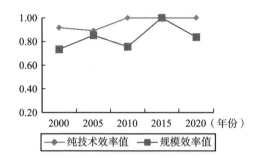

图 5 - 5   2000～2020 年三门峡市纯技术效率、规模效率变化

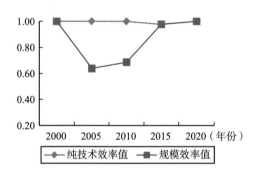

图 5 - 6   2000～2020 年宜阳县纯技术效率、规模效率变化

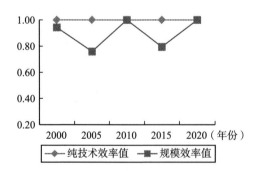

图 5 - 7   2000～2020 年永城市纯技术效率、规模效率变化

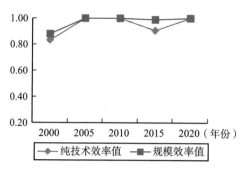

图 5 - 8　2000～2020 年登封市纯技术效率、规模效率变化

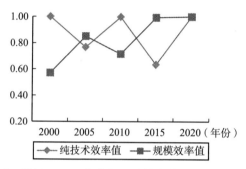

图 5 - 9　2000～2020 年安阳县纯技术效率、规模效率变化

（3）规模效率变化特征

河南省煤炭资源型城市绿色转型规模效率相对较低，是制约综合效率最优的主要因素，但这种制约作用在下降。2000～2020 年河南省煤炭资源型城市绿色转型规模效率波动于 0.82～0.85 之间，平均为 0.84，表现出微弱的增加态势。2000 年、2010 年、2020 年，煤炭资源型城市绿色转型中规模效率最优的城市数分别为 1 个、2 个和 4 个，说明 2000～2020 年河南省煤炭资源型城市在现有状态下增加要素投入促进经济转型尚有很大空间，见图 5 - 2 至图 5 - 9。

具体分析来看，2005～2020 年宜阳县呈现出规模报酬增加的情况，2020 年呈现出规模报酬最优，说明宜阳已做到规模的优良控制。焦作市以及平顶山市主要呈现出规模报酬递减的态势，且纯技术效率—规模效率差值处在 0 ~ 0.25 之间，意味着投入过多而产出不足的现象更加严重，存在投入产出规模偏大的问题，应缩小规模。三门峡市仅在 2015 年呈现规模报酬最优，其余年份均为规模报酬较小，说明三门峡市也应适度缩小规模。登封市在 2005 年、2010 年、2020 年呈现出规模报酬最优，且 2015 年呈现出规模效率为 0.99，说明登封已做到规模的优良控制。安阳县 2000 ~ 2020 年规模报酬呈现出递增的情况，且于 2020 年呈现规模报酬最优的情况，说明安阳县多年来只要增加要素投入就可以带来产出相应的增长。鹤壁市同样存在投入产出规模过大的问题，理应缩小规模，且在生产设备先进程度、技术水平及管理水平等方面都可能存在问题。

煤炭城市的经济效益随着煤炭产业的快速发展不断攀升，但在现阶段这 8 个煤炭资源型城市的转型效果尚不明显，8 个城市也未及时采取有效措施，在产业结构调整等多方面来帮助自身高效的转型。随着转型情况开始缓和，在理论上的"黄金十年"中后期出现了煤炭行业逐渐步入夕阳产业，煤炭价格日渐下跌、空气污染日益加剧、面临着越来越大的去产能化和进行产业结构调整的压力，采取相应措施开展绿色转型并逐步提高转型效率已势在必行。国家通过制定红利政策等有效措施，帮助煤炭企业进行结构调整，帮助爬坡过坎，大力支持煤炭行业绿色发展的同时，也对其进行了严格规范管理，对煤矿超负荷生产进行治理，不断防范生态环境的持续恶化。

5.3.2 绿色转型效率差异化特征

(1) 不同发展阶段间的差异性

河南省煤炭资源型城市绿色转型平均综合效率变化如图 5 - 10 所示，在一定程度上说明，再生型煤炭资源型城市绿色转型的综合效率呈现明显良性发展趋势，效率值由 2000 年 65% 持续上升至 2020 年的最优。成熟型和成长型煤炭资源型城市绿色转型综合效率均值在 2010 年保持最大，之后在 2015 年有所下降，在 2020 年再次上升，尤其是成长型煤炭资源型城市的绿色转型综合效率再一次达到最佳水平。

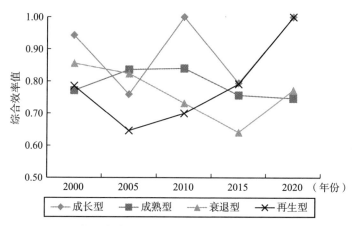

图 5 - 10　2000 ~ 2020 年河南省不同类型煤炭资源型城市绿色转型综合效率变化特征

　　城市绿色转型综合效率的提高得益于规模效率和纯技术效率的共同提高。成长型和衰退型煤炭资源型城市的绿色转型纯技术效率基本达到最优，城市规模效率的高低决定着城市绿色转型的综合效率。但是，衰退型煤炭资源型城市的规模效率，大多是规模报酬呈递减的状态，表明在当前条件下只有通过逐步减少投入规模，提高其使用效率，才能使规模报酬水平有效提高。成熟型煤炭资源型城市的绿色转型纯技术效率和规模效率多年变化不大，这意味着绿色转型策略或者模式并不理想，仍有进一步改善空间。随着逐步提高再生型煤炭资源型城市绿色转型规模效率的贡献率，使其纯技术效率和规模效率接近最优，说明该类型煤炭资源型城市绿色转型逐渐成熟，如图 5 - 11 和图 5 - 12 所示。

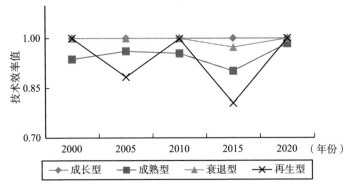

图5－11　2000～2020年河南省不同类型煤炭资源型
城市绿色转型纯技术效率变化特征

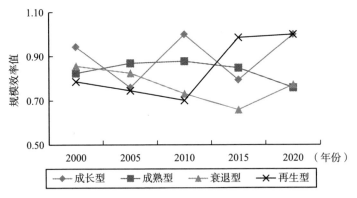

图5－12　2000～2020年河南省不同类型煤炭资源型
城市绿色转型规模效率变化特征

（2）不同效率等级间的差异性分析

根据河南省资源型城市2000～2020年间绿色转型综合效率值的分布特点，以自然断点分级标准对煤炭资源型城市绿色转型综合效率值等级划分，如表5－4所示，平顶山市、鹤壁市、焦作市、永城市以及宜阳县在2000年综合效率处于良好水平，三门峡市和登封市2000年的效率评价位于一般。相对来看，仅有安阳县2000

年综合效率值偏低，在此年份，安阳县的规模效率值以及纯技术效率值都偏低。2010 年平顶山和永城市 2010 年的综合效率较 2005 年有所提高，综合效率由良好降为较差，而三门峡市和宜阳县综合效率由一般提升至良好，永城市综合效率由良好降至一般，安阳县综合效率由一般降至较差。

表 5 – 4　　　　　2000～2020 年河南省煤炭资源型城市
绿色转型综合效率等级变化特征

城市	2000 年	2005 年	2010 年	2015 年	2020 年
平顶山市	良好	一般	良好	较差	较差
鹤壁市	良好	一般	一般	一般	一般
焦作市	良好	良好	一般	一般	一般
三门峡市	一般	一般	一般	良好	良好
宜阳县	良好	一般	一般	良好	良好
永城市	良好	一般	良好	一般	良好
登封市	一般	良好	良好	良好	良好
安阳县	较差	一般	一般	较差	良好

2020 年河南省资源型城市绿色转型综合效率等级中，永城市、登封市、宜阳县及安阳县处于良好水平，得益于其规模与技术水平适度。焦作市、三门峡市以及鹤壁市这 3 个城市的综合效率为一般，相对于良好的城市来说，这 3 个城市的投入产出指标在不同年份的冗余情况较为严重，应及时调整规模。平顶山市绿色转型综合效率较差，亟须调整规模使其与技术水平保持适度水平，如表 5 – 4 所示。

总体上，从煤炭资源型城市的发展类型来看，截至 2020 年全省成长型、再生型煤炭资源型城市的转型综合效率均达到良好水平，而成熟型煤炭资源型城市的转型综合效率水平偏低，处于一般水平等级。

5.3.3 绿色转型投入冗余与产出不足

运用 DEA-BCC 模型，并借助 DEAP-Ver-sion2.1 计量软件，计算出最终的各决策单元的效率表和投入与产出的松弛变量取值表。投入指标冗余为正值代表该投入要素可以增加该数值额度，产出指标冗余为正值代表该产出指标的产出应比现在增加该数值额度。

在就业人员总数、固定资产投资、工业用电量 3 个投入指标方面，3 个指标存在明显的冗余问题，即投入一定规模的就业人员、固定资产投资额、发电量会进一步增加效益。在投入冗余方面，焦作市（2005 年）和三门峡市（2005 年和 2010 年）两个城市工业用电量以及就业人员总数冗余，安阳县（2010 年和 2015 年）和登封市（2010 年）出现固定投资冗余，可适当增加相应指标投入来提高综合效率，如表 5－5、表 5－6 和表 5－7 所示。对于大多数煤炭资源型城市并不存在过多的投入冗余问题，可以从以下几方面全面提升效率：可以通过加强对就业人员的培训投入，提升就业人员的职业素养；可以从加强管理着手，运用合理科学的管理模式对团队的工作效率进行提高；对于工业用电量，这一指标可以间接反映投入指标的冗余程度，也应减少发电量，减少煤炭等资源的耗费，呼吁企业节约用电，树立环保意识，实现可持续发展。

表 5－5　　2000～2020 年河南省煤炭资源型城市就业人员总数投入冗余

城市	2000 年	2005 年	2010 年	2015 年	2020 年
平顶山市					
鹤壁市					0.087

续表

城市	2000 年	2005 年	2010 年	2015 年	2020 年
焦作市			35.39		
三门峡市				12.626	
宜阳县			0.836		
永城市					
登封市					
安阳县					

表 5 - 6   2000～2020 年河南省煤炭资源型城市固定资产投资投入冗余

城市	2000 年	2005 年	2010 年	2015 年	2020 年
平顶山市					
鹤壁市					
焦作市					
三门峡市					
宜阳县					
永城市					
登封市				39.899	
安阳县			63.179	14.322	

表 5 - 7   2000～2020 年河南省煤炭资源型城市工业用电量投入冗余

城市	2000 年	2005 年	2010 年	2015 年	2020 年
平顶山市					
鹤壁市		10.702	12.641		
焦作市					
三门峡市		41.076			
宜阳县					
永城市					
登封市					
安阳县		1.457	3.719		

在产出方面，三门峡市（2005 年）、登封市（2015 年）和宜阳县（2000 年和 2015 年）存在着单位 GDP 能耗产出不足的情况，其中三门峡市最为严重，登封市最轻，仅 2015 年存在单位 GDP 能耗产出不足情况，如表 5–8 所示。鹤壁市（2005～2015 年）、登封市（2000 年）、宜阳县（2000 年）、安阳县（2005 年和 2015 年）等城市存在着城镇居民人均可支配收入产出不足情况，如表 5–9 所示。反映社会方面人民生活水平偏低的情况。为了改善人民生活水平，对工资指导线和最低工资制度等进行逐步完善，当地政府部门应在保证效益的前提下不断提高最低工资标准和逐步完善退休人员待遇等必要工作。还要积极促进居民消费结构的改善，不断拓展消费市场，同时也要加强对消费市场的监督和管理。除此之外，还应对社会保障体系进行不断完善，逐步提高人民生活水平。

鹤壁市、登封市、安阳县以及焦作市 2015 年空气优良率值存在着产出不足的情况，安阳县情况最为严重，如表 5–10 所示。反映出这几个城市的环境恢复和环境保护力度不够。可以从两个方面来改进措施：第一，加强宣传、广泛动员、层层发动，即各级党委政府召开环境保护工作会议，进行大范围动员部署，激励引导广大群众参加环保和绿化活动，促进环境保护意识深入人心；第二，明确工作重点，做好统筹规划，认真抓好落实，讲求实际成效，保证工作质量。总体上，在地区生产总值、单位 GDP 能耗、城镇居民人均可支配收入、空气优良率、原煤产量 5 个产出指标中，城镇居民人均可支配收入、原煤产量这两个指标出现明显的产出不足情况，如表 5–8 至表 5–11 所示。

表 5 – 8　　2000~2020 年河南省煤炭资源型城市单位 GDP 能耗产出冗余

城市	2000 年	2005 年	2010 年	2015 年	2020 年
平顶山市					
鹤壁市					
焦作市					
三门峡市		1.529			
宜阳县	0.932			0.168	
永城市					
登封市				0.22	
安阳县					

表 5 – 9　　　　　　2000~2020 年河南省煤炭资源型城市城镇

居民人均可支配收入产出冗余

城市	2000 年	2005 年	2010 年	2015 年	2020 年
平顶山市					
鹤壁市		7557.291	213.823	4306.747	
焦作市				2916.792	
三门峡市		6743.877			
宜阳县	7790.578				
永城市					
登封市	3718.524				
安阳县		3848.604		5823.887	

表 5 – 10　　2000~2020 年河南省煤炭资源型城市空气优良率产出冗余

城市	2000 年	2005 年	2010 年	2015 年	2020 年
平顶山市					
鹤壁市				0.202	
焦作市				0.015	

续表

城市	2000 年	2005 年	2010 年	2015 年	2020 年
三门峡市					
宜阳县					
永城市					
登封市				0.21	
安阳县		0.028		0.19	

表 5 - 11　2000～2020 年河南省煤炭资源型城市原煤产量产出冗余

城市	2000 年	2005 年	2010 年	2015 年	2020 年
平顶山市					
鹤壁市		614.728	1353.166	1495.523	1311.743
焦作市				243.826	
三门峡市					
宜阳县	186.151			0.197	
永城市					
登封市	217.438				
安阳县		549.25	1745.918	835.101	

5.4　基于 DEA 交叉模型的城市绿色转型效率分析与障碍因子诊断

5.4.1　交叉效率下绿色转型效率计算

为了更加深入、准确地掌握不同城市间转型效率存在的差别，对效率值均为 1 的转型城市进行合理排序。本书采用的是交叉评价模型，进一步分析煤炭资源型城市的绿色转型效率。利用 Matlab 软件，以 X_1，X_2，X_3 为输入变量，以 Y_1，Y_2，Y_3，Y_4 为输出变量，得到平顶山市的交叉评价效率矩阵：

$$E = \begin{bmatrix} 1.0000 & 0.2241 & 0.0470 & 0.0095 & 0.0058 \\ 0.7011 & 1.0000 & 0.5592 & 0.1643 & 0.1153 \\ 0.1790 & 0.3632 & 1.0000 & 0.3788 & 0.2687 \\ 0.1665 & 0.2992 & 0.3644 & 1.0000 & 0.5003 \\ 0.2521 & 0.4114 & 0.7664 & 0.9825 & 1.0000 \end{bmatrix} \quad (5-6)$$

其中，对角线上元素 E_{ik} 存在不为 1 的情况。综上所述，自我评价值往往不太准确，此时用矩阵每列元素的平均数来衡量决策单元效率的好坏，则 $e_1 = 0.4597$，$e_2 = 0.4596$，$e_3 = 0.5474$，$e_4 = 0.5070$，$e_5 = 0.3780$。

5.4.2　交叉效率及排序

按照上述方法，依次求得各市 2000 年、2005 年、2010 年、2015 年、2020 年效率测度值，得到河南省 8 个煤炭资源型城市绿色转型 2000~2020 年交叉经济效率次序表，见表 5-12。

表 5-12　　　　2000~2020 年河南省煤炭资源型城市
绿色转型交叉经济效率次序

城市	2000 年	城市	2005 年	城市	2010 年	城市	2015 年	城市	2020 年
宜阳县	0.7401	鹤壁	0.6616	鹤壁	0.5647	宜阳县	0.7516	宜阳县	0.7606
鹤壁	0.6671	永城	0.5133	焦作	0.5605	平顶山	0.5070	安阳县	0.5904
焦作	0.4755	焦作	0.5036	登封	0.5564	鹤壁	0.4867	鹤壁	0.5618
平顶山	0.4597	宜阳县	0.5016	永城	0.5559	焦作	0.4753	登封	0.4955

续表

城市	2000 年	城市	2005 年	城市	2010 年	城市	2015 年	城市	2020 年
登封	0.4109	登封	0.4826	平顶山	0.5474	三门峡	0.4651	焦作	0.4522
安阳县	0.4068	平顶山	0.4596	宜阳县	0.5277	登封	0.4254	永城	0.4407
三门峡	0.3940	安阳县	0.3817	安阳县	0.4663	安阳县	0.3650	平顶山	0.3780
永城	0.3542	三门峡	0.3625	三门峡	0.4340	永城	0.3613	三门峡	0.2842

从交叉效率变化趋势来看，河南省煤炭资源型城市绿色转型效率呈现较大波动态势，2010 年效率值达到最大为 0.53，然后 2020 年又有所上升，如图 5 - 13 所示。DEA 交叉效率评价排名靠前的城市是宜阳县，平均效率值分别为 0.66。转型效率排名靠后的城市是安阳县和三门峡市，平均效率值分别为 0.44 与 0.39。2000 ~ 2020 年河南省煤炭资源型城市绿色转型效率的平均值在 0.48 ~ 0.53 之间，表示河南省的煤炭资源型城市绿色转型工作还有很大的改善空间，且转型效率在各城市存在相对较大的差异。

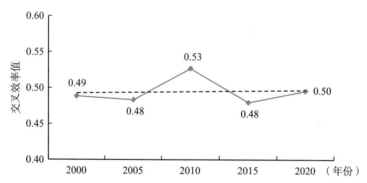

图 5 - 13　2000 ~ 2020 年河南省煤炭资源型城市绿色转型交叉效率均值变化

从总体波动与变化趋势来看，永城市、宜阳县以及安阳县的交叉效率波动幅度较大，且具有微弱的增加态势。平顶山市、鹤壁市以及三门峡市 3 个较大的城市交叉效率值有波动性下降见（表 5 - 13）。

城市规模相对较小的城市在固定资产投资、工业用电量等要素资源投入低，其污染产出也相对比较低，所以在这些城市中的转型效率比资源型城市规模较大的转型效率要高。

表 5－13　　　　　　　　**2000～2020 年河南省煤炭资源型**
城市绿色转型交叉效率波动特征

城市	交叉效率值变异系数	交叉效率值斜率
平顶山市	0.08～0.13	−0.02～0.00
鹤壁市	0.00～0.08	−0.02～0.00
焦作市	0.00～0.08	−0.02～0.00
三门峡市	0.13～0.21	0.00～0.02
宜阳县	0.13～0.21	0.00～0.02
永城市	0.13～0.21	−0.02～0.00
登封市	0.08～0.13	0.00～0.02
安阳县	0.13～0.21	0.00～0.02

5.4.3　不同城市类型绿色转型效率差异性分析

不同阶段的煤炭资源型城市绿色转型效率由高到低依次是：再生型、衰退型、成熟型、成长型（见图 5－14）。在一定程度上说明，再生型煤炭资源型城市绿色转型效率较好，且具有比较明显的良性发展趋势。成熟型和衰退型煤炭资源型城市绿色转型效率均值在 2010 年保持较大，之后分别下降到 0.43 和 0.45，呈现出明显的下降趋势。另外，在使用交叉评价模型进行评价时，城市的绿色转型效率值均不是最好的，也未出现多个现决策单元同时有效的情况，再次表明河南省煤炭资源型城市绿色转型效率均有提升空间，且将转型效率值用于后续的面板回归分析也更有现实意义。

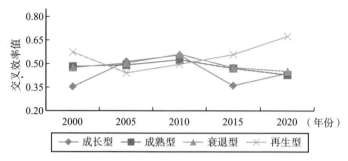

图 5 – 14   2000 ~ 2020 年河南省不同类型煤炭资源型
城市绿色转型交叉效率波动特征

5.4.4   城市绿色转型效率时空分异特征

依据煤炭资源型城市在 2000 ~ 2020 年期间绿色转型效率值的城市排名和分布特征，选取 0.39、0.49 这两个点作为自然断点，将河南省煤炭资源型城市绿色转型效率划分为良好、一般和较差 3 种类型。效率为良好水平的绿色转型城市数量由 2000 年的 2 个增加到 2010 年的 6 个，在 2020 年减少至 4 个；效率为一般水平的由 2000 年的 5 个减少至 2010 年的 2 个，而后又上升到 2020 年的 2 个；效率为较差水平的城市数量由 2010 年为 0 个增加到 2020 年的 2 个。究其原因主要是 2007 年国务院颁布《关于促进资源型城市可持续发展的若干意见》，在此阶段，河南省煤炭资源型城市开始逐步转型发展，整体的转型效率在短时间内有明显提升，一些城市成功转型、一些城市转型失败，逐渐拉大了城市之间的发展差距。与 2000 年的统计结果进行对比，登封市和安阳县 2 个城市的绿色转型效率水平从一般提升至良好，变化显著。当前，三门峡市和平顶山市的城市绿色转型效率较差见表 5 – 14。

表 5 – 14 　　　　　　　　2000～2020 年河南省煤炭资源型
城市绿色转型交叉效率变化特征

城市	年份				
	2000	2005	2010	2015	2020
平顶山市	一般	一般	良好	良好	较差
鹤壁市	良好	良好	良好	一般	良好
焦作市	一般	良好	良好	一般	一般
三门峡市	较差	较差	一般	一般	较差
宜阳县	良好	良好	良好	良好	良好
永城市	较差	良好	良好	较差	一般
登封市	一般	一般	良好	一般	良好
安阳县	一般	较差	一般	较差	良好

5.5　绿色转型效率障碍因子诊断

选择影响因素变量，是在进行煤炭资源型城市绿色转型效率的影响因素测算工作之前最为关键的工作。通过向前人研究经验的借鉴与学习，选择产业结构主要是将第三产业产值占地区生产总值比重变量作为影响转型效率的核心变量，选择地区经济发展水平、能耗强度、居民收入水平、环境治理水平、资源禀赋等因素。从系数的显著性来看，地区经济发展水平、居民收入水平均在 5% 的统计水平上达到显著，而资源禀赋在 10% 的统计水平上达到显著，其余包括第三产业产值占 GDP 比重、能耗强度以及环境治理水平均不够明显。从系数符号的方向进行观察，提高城市绿色转型效率的主要影响因素有能耗强度、居民收入水平及资源禀赋，其余包括产业结构、地区经济发展水平、环境治理水平均对城市绿色转型效率的提升产生阻碍，如表 5 – 15 所示。

表 5 - 15　　　　　　　　2000～2020 年河南省煤炭资源型
城市绿色转型效率影响因素

变量名称	(1)	(2)	(3)	(4)	(5)	(6)
产业结构	- 0.0190 * (- 1.02)	- 0.201 * (- 1.03)	0.080 (- 0.41)	- 0.294 (- 1.25)	- 0.329 (- 1.30)	- 0.332 (- 1.38)
地区经济发展水平		0.008 (0.23)	0.035 (0.69)	- 0.203 ** (- 2.30)	- .201 ** (- 2.24)	- 0.235 ** (- 2.69)
能耗强度			0.023 (0.75)	0.056 * (1.89)	0.059 * (1.91)	0.034 (1.08)
居民收入水平				0.393 *** (3.11)	0.389 *** (3.04)	0.342 ** (2.74)
环境治理水平					- 0.060 (- 0.43)	- 0.115 (- 0.84)
资源禀赋						0.152 * (1.94)
c	0.555 *** (9.26)	0.538 *** (5.71)	0.394 * (1.84)	0.608 (- 1.63)	- 0.548 (- 1.36)	- 0.636 (- 1.64)
R^2	0.0000	0.0030	0.0467	0.1187	0.1121	0.1243
F - statistic	5.83	5.20	4.78	6.59	6.38	7.45

注：括号内为回归系数的 t 统计量；＊、＊＊、＊＊＊分别代表 10%、5%、1% 的显著性水平。

具体来讲，2000～2020 年，城市绿色转型效率整体提升的重要因素仍是在居民收入水平及资源禀赋层面。其中，居民收入水平以城镇居民人均可支配收入来反映。根据回归结果所显示的，该项比值每提升 1 个百分点，相对应城市的绿色转型效率就提升 0.34%。人均可支配收入可以直接反映出居民的家庭收入水平，从城市绿色转型的内涵上进行分析，城镇居民人均可支配的收入不仅遵循社会经济发展规律，其正向显著结果也存在一定的必然性。

资源禀赋以原煤产量来替代，该项比值每提升 1 个百分点，对应城市的绿色转型效率就提升 0.153% 。短时间内我国仍处于能源刚性需求的阶段，各煤炭资源型城市将采用更加高效集约的方式进行煤矿开采。在确保煤炭产业所带来的环境污染影响适度的情况下，煤炭行业作为主要工业产业之一，对城市绿色转型所带来的正向显著结果是毋庸置疑的。

在城市绿色转型的物理空间层面，地区经济发展水平显著阻碍了城市绿色转型效率的提高。从数值结果上来看，地区生产总值提升 1 个百分点，城市绿色转型效率将对应地下降 0.24% 。世界各国发展经验表明，粗放型生产模式也能够在一定程度上维护国民经济发展，但不是长远的发展道路，日积月累遗留下来的生产效率低、失业率高、环境污染严重等各种问题，在短时间内无法彻底解决。根据回归结果所显示的，地区生产总值的提高对城市绿色转型效率的提升是非常不利的。换而言之，地区生产总值的提高在一定程度上有利于提升城市的经济指标，但对环境指标、社会指标产生的影响是不利的，致使反映城市绿色转型整体效果趋于下降趋势。反过来，这也表示这些煤炭资源型城市的城市化质量的总体水平并不高，加强对未来城市的规划与发展，并以此提升城市化发展质量，是一项应该长期坚持的重要任务。

对于其他指标，虽然影响城市绿色转型效率作用不是特别显著，但是仍然可以依据相对应的回归系数方向，初步判断解释变量和被解释变量两者之间的相互关系，并尝试挖掘出其背后可能存在的深层次原因。能耗强度以单位 GDP 能耗来代替，该项比值每提升 1 个百分点，相对应城市的绿色转型效率就提升 0.03% 。第三产业产值占 GDP 比重的提高意味着城市产业结构的退二进三，这种变化与产业结构演进的一般规律一致。因此，对部分依煤而兴的城市，保持各种产业的均衡发展是重中之重。

考虑到不同类型之间的煤炭资源型城市绿色转型的异质性和差异性，本书进一步分别探讨了成长型、成熟型、衰退型以及再生型煤炭资源型城市绿色转型效率影响因素，以便获取更加准确、详细的判断，为探析煤炭资源型城市绿色转型发展对策做好铺垫。针对成长型煤炭资源型城市，从系数的显著性来看，在5%的统计水平上，单位GDP能耗、空气优良率都达到了显著，而在10%的统计水平上，第三产业产值占GDP比例才达到显著，其他包括地区的生产总值、城镇居民人均可支配收入以及原煤产量均不够显著。从系数符号的方向进行观察，提高城市绿色转型效率的主要影响因素有能耗强度、居民收入水平及环境治理水平，其余包括产业结构、地区经济发展水平、资源禀赋均对该类型煤炭城市绿色转型效率的提升产生阻碍，如表5－16所示。

表5－16 2000～2020年河南省成长型煤炭资源型城市绿色转型效率影响因素

变量名称	（1）	（2）	（3）	（4）	（5）	（6）
产业结构	－0.359 （－1.54）	－0.640** （－3.16）	－0.377 （－1.52）	－0.324 （－0.96）	－0.209* （－2.38）	－0.297* （－3.25）
地区经济发展水平		0.124** （2.63）	0.129* （3.04）	0.251 （0.54）	－0.076 （0.63）*	－0.237 （0.23）
能耗强度			0.036 （1.55）	0.032 （1.11）	0.025 （3.37）	0.030** （4.35）
居民收入水平				－0.166 （－0.26）	0.073** （0.45）	0.194 （1.26）
环境治理水平					0.393 （7.67）	0.398** （9.44）
资源禀赋						－0.047 （－1.56）

变量名称	（1）	（2）	（3）	（4）	（5）	（6）
c	0.556 *** (7.78)	0.359 *** (3.76)	0.203 (1.54)	0.592 (0.40)	−0.319 * (−0.81)	−0.535 (−1.52)
R^2	0.2098	0.5760	0.4345	0.4852	0.7496	0.6392
$F - statistic$	2.36	5.63	5.45	3.34	22.13	26.24

注：括号内为回归系数的 t 统计量；*、**、*** 分别代表10%、5%、1%的显著性水平。

具体来讲，2000～2020年的21年时间里，城市绿色转型效率整体提升的重要因素，仍是在能耗强度及环境治理水平层面。能耗强度以单位GDP能耗来反映，根据回归结果所显示的，该项比值每提升1个百分点，相对应城市的绿色转型效率就提升0.03%。环境治理水平可以通过空气的优良率来反映，该项比值每提升1个百分点，相对应城市的绿色转型效率就可以提升0.40%。

在成熟型煤炭资源型城市中，单位GDP能耗、空气优良率、第三产业产值占GDP比重、地区生产总值、城镇居民人均可支配收入以及原煤产量与绿色转型效率值均不够显著。从系数符号的方向进行观察，提高城市绿色转型效率的主要影响因素有地区生产总值、原煤产量，其余包括单位GDP能耗、空气优良率、第三产业产值占GDP比重、城镇居民人均可支配收入均对该类型煤炭城市绿色转型效率的提升产生阻碍，如表5-17所示。

表5-17　　　　2000～2020年河南省成熟型煤炭
资源型城市绿色转型效率影响因素

变量名称	（1）	（2）	（3）	（4）	（5）	（6）
产业结构	−0.370 (−1.74)	−0.357 (−1.56)	−0.284 (−0.96)	−0.154 (−0.55)	−0.171 (−0.56)	−0.176 (−0.57)

续表

变量名称	(1)	(2)	(3)	(4)	(5)	(6)
地区经济发展水平		−0.008 (−0.20)	0.031 (0.30)	−0.771** (1.94)	0.770** (1.86)	0.475 (0.90)
能耗强度			0.030 (0.41)	−0.228 (−1.52)	−0.225 (−1.44)	−0.152 (−0.86)
居民收入水平				−0.369** (−1.92)	−0.366** (−1.84)	−0.899 (−0.99)
环境治理水平					−0.030 (−0.18)	−0.097 (−0.53)
资源禀赋						0.117 (0.91)
c	0.592*** (3.02)	0.611*** (5.58)	0.440 (1.03)	0.455** (2.09)	0.470** (2.01)	0.900* (1.03)
R^2	0.2335	0.2421	0.1139	0.0801	0.0771	0.0510
$F - statistic$	5.83	5.20	5.211	5.90	5.15	4.93

注：括号内为回归系数的 t 统计量；*、**、*** 分别代表 10%、5%、1% 的显著性水平。

根据系数的显著性来看，衰退型煤炭资源型城市的空气优良率与其绿色转型效率值在 5% 的统计水平上达到显著，而第三产业产值占 GDP 比重在 10% 的统计水平上达到显著，其余包括地区生产总值、单位 GDP 能耗、城镇居民人均可支配收入以及原煤产量均不够明显。从系数符号的方向进行观察，提高城市绿色转型效率的主要影响因素有能耗强度、居民收入水平及环境治理水平，其余包括产业结构、地区经济发展水平、资源禀赋均对该类型煤炭城市绿色转型效率的提升产生阻碍，如表 5 - 18 所示。

表 5 - 18　　　　　　　　　　**2000～2020 年河南省衰退型煤炭**
资源型城市绿色转型效率影响因素

变量名称	（1）	（2）	（3）	（4）	（5）	（6）
产业结构	- 0.750 ** (- 2.67)	- 0.755 ** (- 2.47)	- 0.062 (- 1.80)	- 0.184 (- 1.63)	- 0.701 ** (- 5.37)	- 0.770 ** (- 4.07)
地区经济发展水平		0.005 (0.13)	- 0.151 (- 0.59)	- 0.435 (- 0.53)	- 0.725 (- 2.14)	- 0.706 (- 1.73)
能耗强度			- 0.089 (- 0.62)	- 0.035 (- 0.16)	0.155 (1.60)	0.146 (1.25)
居民收入水平				0.467 (0.37)	0.015 (2.17)	0.123 (2.74)
环境治理水平					- 0.490 ** (- 0.43)	- 0.460 * (- 2.92)
资源禀赋						- 0.041 (- 0.32)
c	0.673 *** (7.64)	0.660 *** (4.69)	0.347 (1.21)	0.193 (0.06)	- 0.589 ** (- 1.12)	- 0.365 (- 0.75)
R^2	0.2764	0.28770	0.0013	0.0376	0.0599	0.1522
$F - statistic$	7.14	3.08	1.97	1.26	10.28	6.02

注：括号内为回归系数的 t 统计量；*、**、*** 分别代表 10%、5%、1% 的显著性水平。

就再生型煤炭资源型城市而言，单位 GDP 能耗、空气优良率、第三产业产值占 GDP 比重、地区生产总值、城镇居民人均可支配收入以及原煤产量均不够显著。从系数符号的方向进行观察，单位 GDP 能耗、第三产业产值占 GDP 比重以及城镇居民人均可支配收入是加快成熟型煤炭资源型城市绿色转型效率提高的重要因素，其余包括地区生产总值、原煤产量、空气优良率均对该类型煤炭城市绿色转型效率的提升产生阻碍，如表 5 - 19 所示。

表 5 – 19 　　　　　　 2000～2020 年河南省再生型煤炭
资源型城市绿色转型效率影响因子

变量名称	(1)	(2)	(3)	(4)	(5)	(6)
产业结构	0.647 (1.22)	0.642 (1.12)	0.013 (0.01)	0.233 (0.28)	0.055 (0.07)	0.333 (0.34)
地区经济发展水平		0.018 (0.21)	-0.089 (-0.46)	-0.166 (-1.16)	-0.141 (-1.10)	-0.051 (-0.25)
能耗强度			-0.099 (-0.63)	0.127 (0.87)	0.203 (1.44)	0.291 (1.35)
居民收入水平				0.624 * (2.40)	0.682 * (2.90)	0.810 (2.38)
环境治理水平					-0.474 (-1.43)	-0.491 (-1.31)
资源禀赋						-0.308 (-0.60)
c	0.318 (1.65)	0.283 * (1.05)	0.882 (0.89)	-0.934 * (-1.41)	-0.913 * (-1.56)	-0.042 (-1.46)
R^2	0.3434	0.3261	0.5571	0.2578	0.0175	0.0795
$F-statistic$	1.49	0.66	0.53	2.21	2.64	1.79

注：括号内为回归系数的 t 统计量；* 、** 、*** 分别代表 10%、5%、1% 的显著性
水平。

5.6　本章小结

　　从社会、经济、资源、环境等角度进行分析，构建河南省典型
煤炭资源型城市绿色转型效率评价体系，联合运用数据包络分析
（DEA）及 DEA 交叉评价的模型，探索河南省煤炭资源型城市绿

色转型效率,分析不同发展阶段煤炭资源型城市绿色转型效率的差异化特征及制约因素。

第一,2000~2020年河南省煤炭资源型城市绿色转型综合效率变化特征差异较大,综合效率并不理想,至2020年仅宜阳县、永城市、登封市和安阳县4座煤炭资源型城市综合效率到达最优。

第二,2000~2020年河南省煤炭资源型城市绿色转型纯技术效率均值波动于89.86%~99.20%,纯技术效率较高,且达到纯技术效率最优的城市数量呈增加态势。平顶山市和永城市纯技术效率持续最优,而安阳县和鹤壁市纯技术效率较低。河南省煤炭资源型城市绿色转型规模效率相对较低(82%~85%),是制约综合效率最优的主要因素,虽然规模效率最优的城市数量有所增加,但平顶山市、焦作市规模报酬波动递减趋势明显,部分城市绿色转型存在明显的投入冗余和产出不足现象。

第三,2000~2020年河南省煤炭资源型城市绿色转型综合效率变化时空分异特征明显。成长型和衰退型煤炭资源型城市绿色转型纯技术效率基本达到最优,规模效率是转型综合效率提升的关键;衰退型煤炭资源型城市绿色转型效率提高需适当控制投入规模,提高投入要素的使用效率;成熟型煤炭资源型城市绿色转型纯技术效率和规模效率变化不大,有较大提升空间;再生型煤炭资源型城市绿色转型综合效率提升明显,纯技术效率和规模效率均趋于最优。

第四,河南省煤炭资源型城市绿色转型交叉效率整体水平不高,集中在0.48~0.53之间,不同类型城市绿色转型交叉效率存在较大差异。再生型城市绿色转型效率较好,处于良性发展趋势;成熟型和衰退型城市则出现下滑趋势。

第五,构建基于面板回归模型的障碍因子诊断方法,对河南省煤炭资源型城市绿色转型障碍因子进行辨识。资源禀赋、居民收入水平对煤炭资源型城市绿色转型效率的影响显著为正，地区经济发展水平的影响显著为负，要进一步提高煤炭资源型城市的居民收入水平，合理调配原煤要素资源，转变经济发展模式。能耗强度、居民收入水平及环境治理水平是成长型煤炭资源型城市绿色转型的障碍因子；居民收入水平和地区经济发展水平是成熟型城市绿色转型的障碍因子；环境治理水平和产业结构是衰退型城市绿色转型的障碍因子；居民收入水平是再生型城市绿色转型的障碍因子。

第6章 河南省煤炭资源型城市绿色转型路径及发展策略

党的十八大制定了统筹推进"五位一体"总体布局的战略目标，进一步明确了生态文明建设在国家全局工作中的战略性地位。党的十九大提出到 2035 年生态环境根本好转，基本实现美丽中国目标。随着深入推进"双碳"工作，绿色低碳循环发展经济体系建设、产业结构和能源结构调整等战略举措必将得到全面加强。面对广泛而深刻的经济变革，要立足河南作为煤炭资源大省的实际，不断提升战略思维能力，坚持生态优先、绿色发展的原则，秉持统筹协调、分类施策的方针，差异化推进河南省煤炭资源型城市绿色转型路径。国外资源型城市转型发展的时间比较早，取得了显著的效果。例如，日本政府通过调整制定煤炭产业政策，在降低煤炭产量的同时，通过建立大型煤炭发展项目、发展接续替代产业等举措来促使煤炭产业向进口煤炭转变，以逐步实现煤炭产业的多元化发展。法国政府建立企业创业园，为下岗职工创业创造便利条件，并注重培育发展包括计算机、核电、汽车制造和生物制药等在内的高新技术产业。德国鲁尔地区联合会开发了旅游路线，使得工业旅游与文化创意融合发展，在促进城市功能完善的同时提升了城市的文化品位。总体上，国外资源型城市转型发展坚持分类指导、目标明确，较好地提出了政府产业政策引导、创新创业驱动、文旅结合提升城市质量的策略。

本书根据河南省煤炭资源型城市特点与资源禀赋条件、城市的"经济—环境—社会"协调发展水平和绿色转型效率差异性，坚持因地制宜、分类指导，创新提出差异性转型路径和对策，最大限度地提升煤炭资源型城市绿色转型质量。

6.1 产业升级促进河南省煤炭资源型城市绿色转型

当前，河南省煤炭资源型城市以煤炭主导的相关产业已逐步衰退，并影响到社会经济发展的各方面。新一轮科技革命和产业变革方兴未艾，必然促进传统产业改造、新产业格局调整，这要求煤炭资源型城市应及时调整发展方向和发展战略，摆脱传统产业束缚，积极探索新发展方向和路径，培育接续替代产业。不同类型的煤炭资源型城市，资源保障能力和可持续发展能力存在差异，其面临的重点任务和产业升级方向也不同，需要进行差异化引导。

6.1.1 引导成长型城市有序发展

成长型城市资源的开发活动处于稳定或上升的阶段，应利用自身资源保障潜力大、经济发展水平相对较高等优势，提前对煤炭产业链结构升级和转型路径进行谋划，重点通过延伸煤炭主导的产业链条，提高资源深加工水平，推进产业结构优化升级。同时，突出市场需求导向，积极谋划布局新兴产业，利用新技术和先进装备改造传统煤炭产业体系，逐步实现煤炭资源型城市绿色转型效率提升。

（1）优化绿色安全高效的煤炭资源开发方式

加强重要优质煤炭资源的勘探、储备与保护，重点推进关键区域的资源勘查，选择部分资源富集地区，建设重点矿种矿产地储备体系，为今后资源可持续开采和高效利用，形成一批重要矿产资源战略接续基地。按照分类施策原则，对热值高、厚度大、分布广、储集物性好的优质煤储备基地实行保护性开发，合理确定开发强度，坚持以大型煤炭企业为龙头的规模化开采，严格控制不符合开采条件的煤炭企业进入开发领域，限制区块分割的小型煤炭企业生产，从源头强化采掘业的规模化、集中化、高效化生产。加大煤矿技术升级改造和安全生产科技创新力度，以机械化，自动化，信息化为手段，强化互联网、物联网等网络信息技术在煤矿开采中的广泛应用，推进"机械化换人、自动化减人"策略，加强智慧煤矿、智能煤矿建设。大力推广绿色开采技术和清洁能源综合开发利用，认真落实资源开采回采率、综合利用率、选矿回收率等指标要求，实施煤与瓦斯共采，加强煤矸石、矿井水等共伴生资源综合开发利用，逐步实现新建矿山能够全面落实绿色矿山建设要求，不断提升煤炭生产的自动化、科技化、智能化水平，实现煤炭企业安全清洁高效生产运行[199]。

（2）发展高水平的煤炭资源精加工深加工产业

河南省成长型煤炭资源型城市的经济、环境和社会协调发展度较低，绿色转型效率波动大，应围绕主导产业"强链、补链、延链"，对主导产业进行合理规划与布局，强化现有煤炭资源开发秩序。推动"煤电化运一体化"发展，考虑区域资源条件，积极发展精深加工，加强煤炭等资源就地转化，推进"探矿、采矿、选矿、冶炼、加工"五位一体化发展，促进产业链条从初级产品向高附加值的精深产品方向延伸。比如，对于永城市，一方面要加强煤炭洗选能力建设，扩大煤炭分级与分质销售，积极推进"煤电一体化"发展和"城镇热电联产"项目建设；另一方面要完善"煤—煤化工—精细化工""煤—电—铝—铝精深加工"的产业链，优化乙二醇、醋酸等化工产品精深加工的技术改造，积极发展电子铝箔、电力型材、汽车铝板等中高端铝加工产品，打造主业突出、特色鲜明的煤炭精深加工产业基地。

6.1.2　促进成熟型城市跨越发展

推动三门峡市、平顶山市、鹤壁市和登封市等成熟型城市，提升资源型产业技术水平，加快发展壮大支柱性主导性接续替代产业，探索形成多元产业体系健全、转型活力和内生动力充分激发的转型发展模式。

（1）提升改造传统优势产业

积极推进传统资源产业技术改造升级，全面实施绿色化改造、智能化改造和技术化改造，培育一批具有较强竞争力的资源深加工产业集群。结合煤炭资源型城市的资源禀赋，有针对性地支持成熟型煤炭资源型城市大力打造多种优势产业并行发展的格局，推进符合条件的城市创建接续替代产业示范市。比如，三门峡市要建设全国重要的黄金珠宝加工基地和交易中心、新型煤化工基地和铝加工基地；鹤壁市建设具有煤基新能源新材料生产基地、中国镁谷和绿色食品基地；平顶山市综合运用技术改造、兼并重组、淘汰落后等手段，打造中部能源城、中国尼龙城和全国重要的不锈钢产业基地；登封等县市推动铝工业、耐火材料、建材、服装等产业集群提质增效，等等。

（2） 提升产业协调度强化资源循环利用

河南省成熟型煤炭资源型城市的经济、环境和社会协调发展度增速较快，尤其是平顶山市和三门峡市协调发展度增速较快。但从煤炭资源型城市的绿色转型效率来看，平顶山市、鹤壁市以及三门峡市存在交叉效率值波动性下降的趋势。所以强化以三门峡市、鹤壁市、平顶山市和登封市为代表的河南省成熟型煤炭资源型城市转型，必须围绕煤炭主导产业协调发展，提升资源利用效率，实现产业体系绿色转型升级。进一步整合煤炭资源，使煤炭资源开发合理化，通过将现有矿井的产能控制在适度范围内，严禁过度开采，将节能高效的技术和先进装备应用于煤炭生产的各个环节。注重节约保护，加强对煤矸石发电等工艺设备、矸石砖、粉煤灰砌块、煤矸石水泥等新型建材产品的推广应用，使煤炭的综合利用率得到提升。通过深度加工提升产品附加值，推动煤炭产业内循环，加大科研投入力度，加快开发煤炭延续产品，大力发展煤层气产业和煤化工产业，培植煤炭资源新优势，以达到资源综合效益最大化的目标。

（3） 积极培育发展绿色低碳的战略性新兴产业

大力支持具备比较优势和发展潜力的新兴产业领域集中发力，培育扩大龙头企业和标志性项目发展规模，从而带动整体产业加快发展，加快形成新的发展优势和新的经济发展增长点。比如，三门峡市要积极培育壮大铜基新材料、新能源汽车等产业；鹤壁市培育壮大光电子通信等产业；平顶山市培育壮大尼龙新材料、智能电力装备、新一代智能终端等产业，等等。

(4) 提质发展现代服务业

加快该类煤炭资源型城市服务业转型发展和提质增效，坚持生产性服务业扩量和生活性服务业提质并重并行，优先发展现代物流、现代金融、信息服务、科技服务等生产性服务业，突出发展文化旅游、健康养老等依托本地自然山水和人文资源的生活性服务业。积极延长产业链条，大力发展不受煤炭资源制约的煤炭服务业，包括地质勘探、科技研发、教育、物流等服务于煤炭开采和加工业的第三产业发展。加强服务业专业化、标准化、品牌化、数字化建设，突出特色化、精细化、高品质，构建优质高效、充满活力、竞争力强的现代服务业新体系。三门峡市要打造"一带一路"重要物流节点、黄河金三角金融集聚区和新兴旅游目的地城市；鹤壁市建设现代煤炭物流园区、电商物流园区、南太行及周边地区旅游集散地；平顶山市打造以煤炭、冷链、电商等为重点的区域性物流枢纽和集山、佛、汤、寺、衙、湖为一体的海内外知名旅游目的地；登封等县市打造少林功夫国际旅游目的地、休闲旅游等品牌。

6.1.3 推动衰退型城市转型发展

作为衰退型城市，煤炭主导的产业奠定了较好的经济社会发展条件的同时，也带来了资源枯竭的不利后果，从而导致经济发展滞后，生态环境压力增大。随着我国供给侧结构性改革深入推进，现代服务业快速发展，产业规模日益壮大[200][201]，在经济发展中的作用越发重要。对于衰退型城市来说，需要加快破解资源枯竭城市转型发展难题，大力扶持培育现代服务业等接续替代产业，大力承接产业转移，加快提升民生保障水平，逐步提升城市的可持续发展能力，探索形成以产业重构和优势再造实现经济振兴的转型发展模式。

(1) 加强接续替代产业培育，增强产业支撑能力

制订实施接续替代产业培育行动计划，依托产业集聚区等载体，积极培育和引进龙头骨干企业，形成一批优势产业集群和产业基地。焦作市要强化氟化工、煤盐联合化工、生物化工、电子及化工四大板块产业发展，做强智能装备制造千亿级产业集群，提升绿色化工、绿色食品、生物医药、新材料等产业规模和竞争优势，打造"太极圣地·山水焦作"旅游品牌、国际文化旅游名城和旅游康养产业发展示范区，创建国家级电子商务示范基地和中原康养产业基地。

(2) 推动现代服务业的深度融合发展

坚持以产业结构升级改革创新为引领，促进自主创新与业务关联，探索新业态、新模式、新路径，实现煤炭全产业链与服务业的深度融合。加强网络基础设施建设、完善应用平台体系、提升保障煤炭产业安全的水平，推动制造业全面发展。推进煤炭及相关装备制造业智能化建设，加大对信息技术、人工智能等的开发应用，实现数据信息跨系统应用，提高生产效率和质量。提高城市产业体系流通效率，形成高效、安全、绿色、可持续的智慧供应链网络。发展衍生服务制造业，对于已淘汰的煤炭工业产业，努力挖掘其文化底蕴，发展工业文化旅游。创新发展路径，鼓励培育电子商务、产品研发与设计解决方案、文旅产业等服务企业，发展"产品＋内容＋生态"全链式智能生态服务，健全城市逆向物流体系，促进更新消费，提升全产业链价值。比如，焦作市要聚焦"世界太极城·中原养生地"建设目标，加快布局新经济、新产业、新业态，吸引集聚高端创新创业人才，培育壮大特色创意产业，培育壮大旅游康养产业集群。

（3）完善社会保障体系

充分利用资源枯竭城市中央转移支付资金，完善社会保障和救助制度，增加公共服务供给，消除贫困代际传递现象，坚决兜住兜牢民生底线[202]。积极帮扶失业人员再就业，发展壮大劳动密集型企业和中小微企业群体，开展"订单式""定向式"及职业转换技能培训，切实防范重点地区、重点企业大规模失业风险。依法依规开展破产企业欠缴基本养老保险费核销工作，推动各类困难群体参加社会保险，将破产企业退休人员纳入基本医疗保障范围，基本实现城乡居民基本养老保险、基本医疗保险应保尽保。积极发展机构养老，鼓励扶持社会力量参与养老服务事业，力争到"十四五"末养老服务设施基本到位。

6.1.4 加快再生型城市创新发展

河南省再生型煤炭资源型城市的绿色转型，要着力集聚优质要素，增强经济质量优势，完善提升城市功能和品位，探索形成更多依靠创新驱动和新生动能的转型发展模式。

（1）发展现代服务业减少对资源的消耗

紧紧抓住现代服务业快速发展的机遇，利用煤炭产业遗留的加工制造业基础、基础设施优势和技术人才优势，推进煤炭产业体系逐渐向现代制造服务业转型，降低对环境和资源的依赖，提高城市的绿色转型效率。以安阳县为例，要充分利用区位优势和工业基础优势，一方面，发展以装备制造业为核心的现代生产性服务业，充分发挥制造业奠定的装备制造业优势基础。另一方面，利用自然生态资源，开展旅游服务和生态城市建设，不断提升生活性服务业，不断拓宽服务领域，进一步丰富服务品种，通过新业态、新模式推进煤炭资源型城市的绿色化转型，以现代服务业发展程度和水平的提升来推动煤炭资源型城市绿色转型的效率。

（2）围绕消费升级促进服务业创新发展

加快发展现代服务业要同消费升级相融合，煤炭资源型城市的绿色转型要充分发挥原有产业基础优势和区位自然资源优势，河南省煤炭资源型城市的服务业创新发展需要结合各自的特点。以宜阳县和安阳县为代表的资源枯竭型煤炭城市转型为例，进入衰退期之后，煤炭资源型城市开始重点关注资源衰竭、生态环境建设、社会发展落后等问题。随着我国人均收入的增加，人们的消费能力不断增强，消费品质持续提升，消费需求也进一步多样化，新一轮消费升级将在今后表现得更为明显。文化、旅游、体育、康养、家政、育幼等生活性服务业要顺应消费升级大势，不断创新服务产品、提升服务品质、便捷服务渠道，提供更好的消费体验，激活更大的消费市场。河南煤炭资源枯竭型城市要利用人口大省的优势，加快发展现代服务业，围绕消费升级促进服务业创新发展。

（3）发展绿色农业促进绿色转型

根据煤炭资源型城市绿色转型的差异化引导机制和"经济—环境—社会"协调发展评估，煤炭产业分布空间和农业发展联系密切，现代化农业建设和乡村旅游业发展，对煤炭开采带来的土地复垦和环境治理具有积极作用。所以加大农业综合投入对煤炭资源型城市的绿色转型具有很好的促进作用，尤其是对衰退型和再生型煤炭资源型城市绿色转型意义重大。注重治理塌陷区和开展土地复垦，通过特色农业和现代化技术带动农业结构调整，促进农业产业化发展，推动传统农业向现代农业的转变。引导废弃矿山和塌陷土地承包经营，积极培育绿色农业，大力发展多种形式的适度规模经营，通过大力扶持农产品精加工、延伸农业产业链和生态链来构建生态、高效的现代农业体系。推动建设现代农业示范园区，支持中小型农业加工企业向园区集中，推进农产品加工业集聚和升级，重点培育若干农产品加工龙头企业，充分发挥并放大龙头企业的模范带头作用。开展生态环境专项治理和农业专项治理，建成具有特色农业规模基地，推动农业标准化发展，提高农业生产组织化程度，加强绿色生态有机农业投入力度。

6.2 创新驱动支撑河南省煤炭资源型城市绿色转型

为顺利实现碳达峰碳中和目标，国家明确指出要严格控制化石能源消费，尤其是严格合理控制煤炭消费的增长。在这种战略背景下，煤炭资源型城市需要通过科技创新、产业绿色转型来破解困局。但一直以来河南省煤炭资源型城市绿色转型面临着创新动力、能力不足等问题，这使煤炭资源型城市普遍存在产业创新效率低下、科技创新环境差、创新主体弱、绿色创新制度不够健全等一系列制约转型的因素。因此，要充分认识到绿色科技是科技发展的基本方向，通过不断优化科学技术创新环境，提高主体创新能力，建立健全绿色技术创新的体制机制，推动实现绿色转型、实现可持续发展。

6.2.1 优化绿色科技创新环境

优化绿色科技创新环境，是河南省煤炭资源型城市转型发展的必然需求。要坚持对创新文化宣传与培育，持续加强对煤炭资源型城市绿色技术创新的投入，加快建设优质绿色技术创新平台，促进煤炭资源型城市和煤炭产业绿色创新体系的建立与健全。

（1）加大政府绿色技术创新投入

根据河南省煤炭资源型城市发展特点，在煤炭资源型城市的绿色转型中，各级政府需要结合煤炭产业与城市发展需求，营造良好的科技创新环境，将来自资源型产业的财政资金优先用于支持绿色创新技术的提高，为绿色技术创新提供资金保障；加大引进人才和创新教育的投入力度，促进煤炭资源型城市绿色科技创新教育整体水平的提高；加快绿色科技创新平台建设，制定科学的激励政策，对绿色科技创新成果予以奖励。

政府对于煤炭资源型城市绿色技术创新的投入，还应重点关注煤炭资源绿色开发。这方面的重点任务是围绕"安全、绿色、智能"目标，通过大型煤炭基地建设，突破核心技术，研发重大装备，构建关于煤炭资源利用的技术体系，推动煤炭清洁化开发技术的变革，支撑能源技术革命。具体包括：加强煤炭资源勘探与大型矿井建设、实现煤炭高效智能开采、实现煤炭绿色开采、实现煤炭提质加工与资源综合利用和实现煤矿区生态重建与环境保护五个方面。

（2）加强煤炭资源型城市绿色科技创新平台建设

绿色科技创新平台建设是增强创新技术的重要支撑，河南省需要在绿色专利技术方面和节能环保领域建设国家级工程技术研究中心、省级工程技术研究中心、国家级重点实验室、省级重点实验室、国家级和省级产业技术创新战略联盟，促进煤炭资源型城市绿色科技创新平台系统有序的发展。煤炭资源型城市绿色科技创新平台建设的重点工作包括三个方面：一是建设绿色科技创新孵化器；二是建立推进技术成果转化服务平台；三是加快高新区、科技创新园区等绿色科技创新基地的基础设施建设，为高新技术企业的入驻提供便利条件。

（3）培育创新文化和提升人才集聚能力

作为中部大省，河南省传统资源开发型城市的创新文化程度相对薄弱，对资源的依赖程度较高，培养创新文化和理念成为煤炭资源型城市绿色科技创新的先导。因此，加强创新文化和理念的培育，营造创新文化浓厚氛围，是解决好资源型企业对资源依赖逐步转向为对创新依靠的关键环节。

同时，煤炭资源型城市绿色科技创新需要加大创新人才的引育力度，来推动城市转型。资源型经济对人力资本的挤出效应是煤炭资源型城市绿色科技创新发展的最大阻力，必须采取有效措施加以解决。要坚持发展为了人民、发展依靠人民的理念，创新人才引育模式，形成浓厚的社会创新氛围，提升科技创新人才集聚能力。

6.2.2 提升绿色科技创新能力

煤炭资源型城市绿色科技创新的主体是企业、高校、科研机构，他们既是独立的又是统一的，地方政府应注重构建融合机制，引导企业、高校和科研机构形成联动，培育无缝对接的创新联盟和创新团队，激活科技创新主体合力，提升煤炭资源型城市科技创新主体的创新能力。

（1）促进创新型企业和创新企业家现代化发展

重点支持大型能源企业开展绿色创新，遴选培育现代创新型企业和具有创新精神的企业家，对煤炭资源型城市绿色转型发挥重要的引领作用。政府要实施政策红利，鼓励和支持建立骨干企业研发机构，激发创新积极性，研发出具有自主产权的优势产品。推进煤炭资源型城市的企业逐步向科技创新型企业的转型。同时，要充分发挥煤炭资源型城市现有研究机构的重要作用，不断提高服务绿色科技创新的能力，根据创新实际需求，建立起跨区域、多门类、能更好地服务于煤炭资源型城市绿色转型的研发机构。

(2) 提升高校及研发机构创新水平

高校对推动专业领域研发活动起着关键性作用，在煤炭资源型城市绿色转型的过程中，要加强高校在人才引进、科研研究、成果转化等方面的政策支持，激发高校的创新活力，使高校真正成为人才培养基地和科技创新高地。

(3) 加强技术创新联盟合作

政府部门要根据技术性现行政策和产业调节现行政策的优化调整，培养自主创新、产学研通力合作的新机制，推动产学研合作，建立产业技术创新联盟。重点要将产业结构优化调整、科学技术不断创新、文化教育逐步提高等融合在一个框架范围内，形为一个相互关联、相互促进的有机整体，使之成为煤炭资源型城市提高科技创新能力、向绿色转型的助推器。

6.2.3　强化绿色科技创新导向

以绿色科技创新为导向，是建立绿色技术创新体系、完善创新技术、激发创新的重要保障。河南省煤炭资源型城市应不断激发绿色创新技术的内生动力，解决资源环境生态中存在的突出问题，加快培育壮大创新主体，加强对外开放与国际合作，完善市场化机制，推动成果转化示范应用，建立健全以企业为主体、市场为导向、产学研深度融合、基础设施和服务体系完备、资源配置高效、成果转化顺畅的绿色技术创新体系[202]。

河南省煤炭资源型城市应从以下三个方面建立绿色技术创新导向机制：一是政府部门要建立以绿色技术研发与成果应用为导向的工作机制，对开展绿色技术创新的企业严格把好进入门槛、严管排污权交易、建立鼓励机制。加大对绿色企业进行税收优惠补贴和鼓励扶持力度；坚决淘汰严重浪费资源、污染性强的能源产业。二是倡导绿色消费，树立绿色消费导向，鼓励企业开展绿色技术创新，研发绿色消费产品，拓宽绿色消费市场，帮助城市居民形成绿色消费观念，逐步形成绿色消费新风尚。三是建立绿色技术创新融资机制。鼓励企业运用信用贷款、社会融资、降息补贴、提供担保等方式进行绿色技术创新融资，也可以通过设立绿色创新投资基金对煤炭企业的绿色技术创新提供金融支持。

6.3 生态提质保障河南省煤炭资源型城市绿色转型

煤炭资源型城市重工业积聚，高耗能、高污染、高排放企业众多，造成环境污染严重，自然生态脆弱。在绿色转型的过程中，不仅需要大力发展接续替代产业，还需要努力提升传统煤炭产业的生态功能，实现平稳转型和高质量转型。具体来说，在成熟和上升期，要正确处理好矿区开发与城市建设的关系，合理规划矿区布局，优化煤炭产业结构，加强节能减排和环境保护。在枯竭期，及早做好生态补偿和产业转型，兼顾生态恢复和经济结构转型，实现高质量绿色转型。

6.3.1　推进矿产资源绿色开采

长期大规模的资源开采，导致煤炭资源型城市矿山地质遗留问题比较突出，新老城区因采矿塌陷严重脱节，这些都影响了城市功能提升，制约了城市空间协调发展。河南在深入推进矿藏资源绿色开采、清洁利用的过程中，推动大中型生产矿山的改造和升级，建立了"国家—省—市—县"四级动态监测体系，努力解决矿山开采对地质环境的破坏问题，实现矿山地质环境的好转。由此来看，绿色开采是一种既追求企业、社会效益又注重环境保护的现代开采模式，是可持续发展的重要组成部分。绿色开采可通过以下途径实现：一是提升矿产资源及其伴生资源的综合利用率，以对环境最低程度的破坏实现对资源最大限度地开发和利用。二是大力推进清洁燃烧以及产品深加工转化技术，开发和利用清洁能源，减少不可再生能源使用。政府相关部门要加大清洁生产审核力度，继续推进重点行业清洁生产审核，全面落实《中国制造2025河南行动纲要》，实施绿色制造工程，促进制造业绿色化升级改造。实施能效、水效领跑者行动，推动煤炭、电力、钢铁、有色金属、化工、食品等行业骨干企业采用清洁生产工艺、先进节能技术和高效末端治理装备，创建绿色示范工厂。三是提倡创新绿色开采技术，加大力度支持科技创新企业，引导企业进行技术创新，从根本上提高资源的利用率，减少资源的浪费。四是健全科学的绿色开采标准，明确绿色开采指标，包括单位开采量中的回采率、伴生资源损失量、单位产量下煤矿死亡人数、单位产量下污染物排放量、选矿回收率、矿山土地复垦率，等等。

6.3.2 大力发展绿色循环经济

当前，在经济规模效应以及产业惯性的共同作用下，煤炭资源型城市一般较难合理地分配和控制资源，资源利用效率将持续保持较低水平，大量煤炭资源将面对被浪费的问题[204]。解决这一问题，需要构建有效的资源集约利用机制，改变以往的资源粗放利用方式，提高资源利用率。因此，发展循环经济是河南省煤炭资源型城市绿色转型的重要路径。

开展循环经济，首先，需要以资源绿色循环利用为核心，以科技创新和机制创新为动力，以典型模式推广和示范工程建设为抓手，实施循环发展引领，推进矿产资源与终端制造业、生物资源与终端消费品、"城市矿产"与再生产品以及生产系统与生活系统的循环链接，以此来促进可持续发展，构建循环型生产方式和绿色生活方式，推动资源利用方式根本性转变。其次，要牢固树立节约集约循环利用的资源观，坚持减量优先，从源头上减少煤炭生产、流通、消费各环节资源消耗和废弃物的产生。最后，大力推进煤炭废旧资源再生利用和循环利用，促进资源永续利用。

总的来说，实现循环经济过程中需做到以下四点：一是在煤炭生产过程中尽量降低不必要的资源浪费和能源消耗，以此来提高煤炭资源的利用效率；二是在生产过程中以合理方式增加污染物的处置量，以此来减轻环境压力，延伸煤炭产业链条；三是在处置废物的过程中对废物回收利用，减少资源开发；四是注重回收处理企业运行中产生的垃圾废物，以此来促进环保产业和循环利用产业的发展。

6.3.3　加大生态环境综合整治

综合施策全面打好污染防治攻坚战。以大气、水、土壤等领域为重点，下大力气解决好突出环境问题，全面推行绿色生产和消费，促进生态环境持续改善[205]。大力实施大气污染防治行动，严格控制重点地区、重点时段、重点企业，强化控尘、控车、控油、控煤、控排、控烧等治污措施，建立长效工作机制，全面打赢蓝天保卫战。以确保水质达标、治理黑臭水体、保障饮水安全为重点，系统推进水污染防治、水资源管理和水生态保护。强化土壤污染管控和修复，加强固体废弃物处置和农业面源污染防治。强化能源消耗总量和强度控制，严格煤炭消费减量替代。大力实施循环发展引领计划行动，力争省内各资源型城市基本完成产业集聚区的循环化升级改造。

6.4　本 章 小 结

针对当前煤炭资源型城市所面临的生态环境恶化、自然资源破坏严重、就业问题严峻、产业结构单一等问题，提出产业升级、创新驱动、生态提质"三位一体"的城市绿色转型路径与差异化策略。通过延伸工业产业链条提高资源开发效益；建设优质高效的现代服务业体系；创新驱动提升绿色转型质量；推动农业全产业链绿色发展；推进矿产资源绿色开采和高效利用等途径谋求煤炭资源型城市绿色协调发展。

河南省煤炭资源型城市的绿色转型效率提升重点在 6 个方面：通过大力推进工业绿色升级，加快推动农业绿色发展，优化服务业绿色发展水平，完善绿色供应链，健全绿色低碳循环发展的生产体系；通过打造绿色物流，对可再生资源加强回收利用，大力推行绿色贸易，逐步完善绿色、低碳、可持续发展的流通体系；通过加强绿色产品消费，提倡绿色低碳的生活方式，健全绿色低碳循环发展的消费体系；通过推动能源体系绿色低碳转型，推进城镇环境基础设施建设升级，提升交通基础设施绿色发展水平，加快基础设施绿色升级；通过鼓励绿色低碳技术研发，加速科技成果转化，构建市场导向的绿色技术创新体系；通过健全绿色收费价格机制，大力发展绿色金融，实现完善法规政策体系。

第7章 河南省煤炭资源型城市绿色转型预测

煤炭资源型城市转型发展受资源禀赋、产业结构、要素投入、政策环境等方面因素影响，具有一定的不确定性，需要基于问题导向和目标导向，对城市转型过程与趋势进行模拟和研判。本章基于新发展理念和系统视角，将煤炭资源型城市绿色转型过程分解为经济子系统、资源子系统和环境子系统，设定的煤炭资源型城市绿色转型目标为生产总值最大化，兼顾煤炭资源可持续利用和环境持续改善，以城市生产总值最大化，煤炭资源可持续利用为约束条件，预测未来一段时间内的产业结构、煤炭资源消费结构、环境容量等变化趋势，为制定差异化转型路径和发展策略提供依据。

7.1 基于目标决策约束的绿色转型预测模型构建

7.1.1 模型构建过程

煤炭资源型城市绿色转型的目标是发展城市经济资源接续和产业接替，即实现经济增长、资源可持续利用和环境持续改善的多重目标。本书选择多目标最优模型，采用大系统分解—协调的思路，将煤炭资源型城市整个系统分解为若干个子系统，各子系统模型既可单独运营，又可配合运行。因为煤炭资源型城市绿色转型的目标包括经济、资源和环境三个子系统，因此本书以煤炭资源型城市在经济、资源和环境及相关系统的现实情况为依据，分析所想要达到的目标与现实中的制约条件，找出能够控制的变量，再按照特定的环境理论、经济理论作为基础从而设定合适的模型，求解出在制约条件下想要达到预期目标的控制变量取值。通常情况下，经济子系统所要达到的目标是经济的不断增长，具体表现形式为经济增长速度的最好状态，但在遵循经济发展规律的基础上，追求经济快速增长的过程中一般会造成资源消耗加剧，从而导致污染排放更加严重，造成既消耗资源又污染环境恶性模式。相反，追求资源可持续发展利用，不断改善保护环境的目标，虽然经济增长速度放缓，但是资源消耗降低将减少对环境污染，所以经济子系统目标、资源子系统目标、环境子系统的目标是互为冲突的，某个子目标的改善会导致其他目标下降，关于实现多个目标最优化问题，最好的解决方法是在各个子目标之间进行不断的权衡与调节，相互之间达到最佳状态。在实际研究过程中，可以从多目标最优化模型中的多个目标函数选取一个核心目标函数，将其他目标函数设置为限制函数。

本书设定的煤炭资源型城市绿色转型多目标最优化模型将城市生产总值最大化设定为主要的目标函数，煤炭资源可持续利用和环境持续改善设定为限制函数，采用 LINGO 软件得到最优解[197][198]，使城市生产总值最大化的同时，实现煤炭资源可持续利用和环境污染减少的目标，调整产业结构、投资结构、煤炭资源消费结构和环境污染排放结构等变量的取值。

通过对煤炭资源型城市绿色转型概念模型构建，使该模型包括城市生产总值最大化一个目标函数和三个子系统，即经济子系统、资源子系统和环境子系统（见图7-1），以实现经济增长、资源可持续利用和环境持续改善的多重目标。

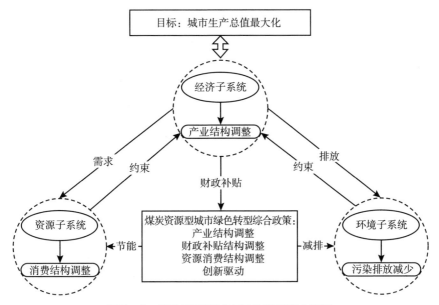

图 7 – 1　煤炭资源型城市绿色转型概念模型

　　根据煤炭资源型城市绿色转型的现实状况和所面临的问题，本书构建了包含 1 个目标函数和 3 个子模型的城市绿色转型动态模型，其中，目标函数是在环境污染制约和煤炭资源可持续利用约束下实现煤炭资源型城市生产总值最大化，3 个子模型为经济子模型、资源子模型和环境子模型。模型可以在实现环境污染、能源消耗等政府规划目标的基础上，预测未来一段时间内的产业结构、煤炭资源消费结构、环境容量等变化趋势，实现经济增长与生态环境、能源消耗的可持续发展。本书根据近期河南省投入产出表数据①，将 2012 年设定为基准年，模拟预测分析，并以焦作市为例详细阐述模型构建过程。

---

　　①　因地级市无须编制《投入产出表》，本书无法获取，所以采用河南省《投入产出表》来计算相关产业数据。

7.1.2 目标区域生产模块

在绿色转型过程中，经济社会发展还存在着很多短板与不足，比如进行经济结构调整的任务还很艰巨，传统产业进行转型升级的步伐还很缓慢，先进的制造业和现代的服务业所占比重还比较低，新产业、新业态发展规模仍不是很大。经济社会发展是焦作市实现绿色转型、降低对煤炭资源的依赖、减少环境污染的现实保证，因此本书将区域经济生产总值（GRP）最大化设定为目标函数，同时把社会折现率考虑进去，以目前国债利率作为参考值，设 0.04 作为每年社会折现率，使不同时期的所有经济变量具有实际的可比性。

$$\max \sum_{t} \frac{1}{(1+\rho)^{t-1}} GRP(t) \,(t=1,\ 2,\ \cdots,\ 18) \qquad (7-1)$$

$$GRP(t) = \sum_{i} v_i \times X_i(t) \,(i=1,\ 2,\ \cdots,\ 17) \qquad (7-2)$$

式（7-1）中，$GRP(t)$ 为第 t 期焦作市区域生产总值（内生）；t 为基期时取值为 0，为模拟期时取值为 1~13；ρ 为社会折现率，参考国债利率，取值为 0.04（外生）。

式（7-2）中，$X_i(t)$ 为第 t 期焦作市 i 产业生产总值（内生）；v_i 为 i 产业的增加值率（外生）。i 为产业部门，取值为 1~17，即本书采用的 17 个部门，具体为：$i=1$，煤炭采选产品；$i=2$，食品业；$i=3$，纺织服装鞋帽皮革羽绒及其制品；$i=4$，化学产品；$i=5$，非金属矿物制品；$i=6$，金属冶炼和压延加工品；$i=7$，金属制品；$i=8$，通用设备；$i=9$，专用设备；$i=10$，汽车及零部件制造业；$i=11$，电气机械和器材；$i=12$，电力、热力的生产和供应；$i=13$，批发和零售；$i=14$，交通运输、仓储和邮政；$i=15$，住宿和餐饮；$i=16$，旅游业；$i=17$，其他产业。

7.1.3 能源供需平衡模块

根据焦作市能源发展规划（2018～2030 年），对近期（2018～2020 年）、中期（2021～2025 年）及远期（2026～2030 年）的能源消费总量及结构提出了约束目标，到 2020 年能源消费总量为 1225 万吨标准煤，可再生能源占一次能源消费的比重为 8%，煤炭消费占一次能源消费的比重在 68.2% 以下，到 2025 年能源消费总量为 1234.4 万吨标准煤，可再生能源占一次能源消费的比重在 11.5% 以上，煤炭消费占一次能源消费的比重为 55%，到 2030 年能源消费总量为 1244.9 万吨标准煤，可再生能源占一次能源消费的比重在 15% 以上，煤炭消费占一次能源消费的比重为 45.5%。

焦作市可再生能源资源以太阳能、风能、生物质能为主，同时已有多个地热供暖项目。截至 2017 年底，焦作市光伏、生物质、沼气、乙醇、太阳能、地热等可再生能源占一次能源消费的比重为 2.88%。能源供需平衡模块主要包括供应设定量大于需求量、供给构成、需求构成等方面，其中，供给主要是煤炭供应和可再生能源供应，需求主要是产业消耗能源和生活消耗能源这两部分，产业耗能与产值规模大小有关，生活能源消费量与人口多少有关。

（1）能源供需平衡

为确保社会经济的可持续发展，防止资源消耗过度，每个时期能源的供给量应大于需求量。

$$EST(t) \geqslant EDT(t) \tag{7-3}$$

式（7-3）中，$EST(t)$ 为第 t 期能源总供给量（外生）；

$EDT(t)$ 为第 t 期能源总需求量（内生）。

（2）能源供应

焦作市能源供应分为煤炭供应和可再生能源供应两部分，本书以焦作市能源发展规划（2018~2030年）提到的能源消费总量约束目标作为能源供给量的上限。

$$EST(t) \leq 规划目标 \qquad (7-4)$$

（3）能源需求量

能源需求量取决于各产业部门的产值量和生活部门的消费量，即产业对能源的消费量由各产业的产值规模和能源需求系数决定，生活能源消费量由人口规模和生活部门的能源需求系数决定。

$$EDT(t) = EID(t) + EHD(t) \qquad (7-5)$$

$$EID(t) = \sum_i e_i \times v_i \times X_i(t) \qquad (7-6)$$

$$EHD(t) = g \times p(t) \qquad (7-7)$$

式（7-5）中，$EID(t)$ 为第 t 期产业的能源需求量（内生）；$EHD(t)$ 为第 t 期生活部门能源需求量（内生）。

式（7-6）中，e_i 为 i 产业的能源需求系数（外生）。

式（7-7）中，g 为生活部门的能源需求系数（外生）；$p(t)$ 为第 t 期焦作市人口数（内生）。

7.1.4 环境约束模块

焦作市环境污染物排放量包括二氧化硫和氮氧化物的排放量，环境污染排放量取决于能源消费总量及结构，其中能源消费总量为能源供需平衡模块的能源需求量。能源消费结构依据焦作市能源发展规划（2018～2030 年）提出的近期（2021～2025 年）及远期（2026～2030 年）结构目标，即煤炭消费占一次能源消费的比重分别为 55% 及 45.5%。本书主要考虑的是煤炭消费产生的环境污染物质排放。

$$TP_{SO_2}(t) = ep_{SO_2} \times r(t) \times EDT(t) \qquad (7-8)$$

$$TP_{NO_x}(t) = ep_{NO_x} \times r(t) \times EDT(t) \qquad (7-9)$$

式（7-8）中，$TP_{SO_2}(t)$ 为第 t 期二氧化硫排放总量（内生）；ep_{SO_2} 为煤炭的二氧化硫排放系数（外生）；$r(t)$ 为第 t 期煤炭消费占能源消费总量的比重（外生）。

式（7-9）中，$TP_{NO_x}(t)$ 为第 t 期氮氧化物排放总量（内生）；ep_{NO_x} 为煤炭的氮氧化物排放系数（外生）。

7.1.5　模型检验

本书对模型的可靠性、有效性均进行检验。采用敏感性分析的方法检验模型可靠性，对模型中的目标函数产业增加值率、制约函数能源需求关系等重要系数进行了敏感性分析。采用 2013～2017 年的统计数据与模拟结果进行拟合分析，结果显示焦作市 GRP 模拟结果和统计数据的相对误差较小（2.5%），一致性较好，如图 7-2 所示。

基于上述对模型可靠性和有效性的验证分析，本书运用上述方法对河南省 4 个典型的煤炭资源型城市经济增长、能源需求、环境污染进行模拟预测研究，为制定差异化转型路径和发展策略提供依据。

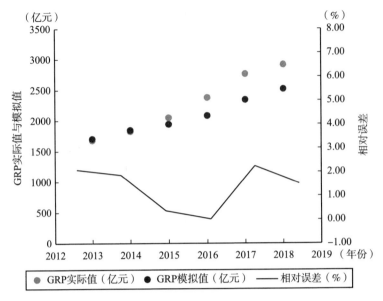

图 7 - 2　模型检验 GRP 拟合程度结果

7.2　典型城市绿色转型预测

7.2.1　经济增长趋势分析和预测

根据所选年份的 17 个产业的产业生产总值计算出各个年份 17 个产业的增加值率，统计得出在 2010~2015 年期间 17 个产业增速最快且生产总值增速最快。通过计算该 17 个产业的平均增加值率，可以得知，电力、热力的生产和供应产业、金属冶炼和压延加工品产业、非金属矿物制品产业、住宿和餐饮产业以及煤炭采选产品产业这 5 个产业的增加值率较大。此外，金属制品产业、批发和零售产业以及交通运输、仓储和邮政这 3 个产业的增加值率较小。焦作市转型需要实现产业结构低碳化，加快资源密集型产业向科技密集型产业转变的步伐，由传统煤炭及其相关产业向服务业等第三产业转化，提高第三产业所占地区生产总值的比例，不断扩大成长型企业与旅游业的发展规模。根据所选年份产业增加值率的平均值，预测算出焦作市、鹤壁市、三门峡市和平顶山市 2025 年、2030 年的区域生产总值分别为 5629.97 亿元和 10217.80 亿元，1946.33 亿元和 3497.43 亿元，3332.17 亿元和 5839.94 亿元，3187.47 亿元和 5085.48 亿元。经济预测结果受城市区域面积、产业结构等因素影响，基于上述模型所模拟出的河南省煤炭资源型城市 2025 年、2030 年的区域生产总值，总体来看，各煤炭资源型城市未来经济向好发展，增幅显著。如图 7 - 3 所示。

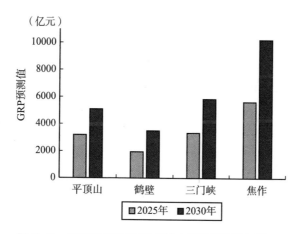

图 7 - 3　河南省煤炭资源型城市经济增长预测结果

7.2.2　能源利用趋势分析和预测

　　焦作市是典型的煤炭资源型城市，先天矿业资源的优势曾使焦作市经济得以迅速发展，但煤矿资源的不可再生性也使城市发展存在一定的局限性，焦作市能源情况需要得到持续关注。能源需求分为生活能源需求和产业能源需求。通过统计数据得知，焦作市生活能源需求量与产业能源需求量的比值约为 1∶7.9。其中，根据生活能源需求系数平均值（书中具体取值为 0.3913）以及人口自然生长率计算得出 2025 年、2030 年的能源需求总量分别为 140.89 万吨和 141.88 万吨标准煤。根据 17 个产业的产业生产总值、产业增加值率以及产业能源需求系数均值计算得出 2025 年、2030 年的产业需求总量分别为 1068.64 万吨和 1162.98 万吨标准煤。最终预测得到焦作市 2025 年、2030 年的能源需求总量约为 1209.52 万吨和 1304.86 万吨标准煤。鹤壁市 2025 年生活能源需求量与产业能源需求量分别为 62.22 万吨和 875.85 万吨标准煤，虽然 2025 年生活能源需求量与产业能源需求量相对较小，但 2030 年则分别增加到 64.73 万吨和 1573.84 万吨标准煤，增加迅速。总体来看，模拟情景下平顶山市与三门峡市的能源需求量对比其他城市较高，焦作市在模拟时段产业能源需求量与生活需求量增长幅度最小，能源需求达到相对稳定的发展阶段，如图 7-4 所示。

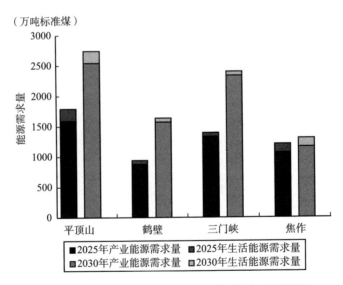

图 7-4 河南省煤炭资源型城市能源需求预测结果

7.2.3　环境污染趋势分析和预测

考虑煤炭消费产生的环境污染物质排放，焦作市二氧化硫和氮氧化物的排放量主要取决于能源消费总量、煤炭的二氧化硫排放系数和氮氧化物排放系数、煤炭消费占一次能源消费的比重等因素。根据焦作市能源发展规划（2018～2030 年）提出的近期（2021～2025 年）及远期（2026～2030 年）结构目标，即煤炭消费占一次能源消费的比重分别为 55% 及 45.5%。

最终预测得到焦作市 2025 年、2030 年的二氧化硫排放量分别为 0.66 万吨和 0.59 万吨，氮氧化物排放量分别为 0.64 万吨和 0.57 万吨。通过分析近几年以及预测的焦作市环境污染物排放量可知，焦作市二氧化硫和氮氧化物的排放量呈下降趋势，这得益于焦作市政府近年来对生态文明建设方面的高度重视，由此可见，焦作市作为一个煤炭资源枯竭型城市正在一个较为良性的道路上进行转型发展。

相比之下，平顶山市 2025 年二氧化硫和氮氧化物排放量均最大，分别为 0.99 万吨和 0.95 万吨，至 2030 年该两类污染物排放量分别达到 1.25 万吨和 1.20 万吨。鹤壁市二氧化硫和氮氧化物排放量在 2025 年最小，但 2023 年超过焦作市的排放量，呈现基数小，增长迅速的特点。总体来看各煤炭资源型城市的污染物排放量相差较大，二氧化硫排放量略高于氮氧化物排放量，这与各城市的能源需求量以及区域生产总值也息息相关，如图 7-5 所示。

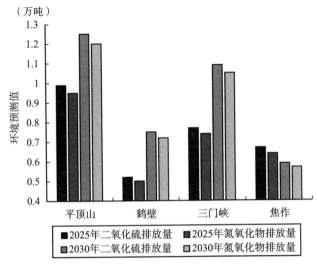

图 7 – 5　河南省煤炭资源型城市环境污染排放预测结果

7.3　本　章　小　结

采用多目标最优决策函数构建了目标决策约束条件下的河南煤炭资源型城市绿色转型预测模型，从经济增长、能源利用以及环境污染三个方面预测了焦作市、鹤壁市、三门峡市以及平顶山市等煤炭资源型城市 2025 年、2030 年的绿色转型趋势。在保证经济高质量发展的目标约束下，城市的绿色转型要加强污染控制，提高环境容量；降低能源消耗强度，提高资源利用效率；延伸传统工业产业链，大力发展现代化新兴产业；鼓励扶持新型科技密集型企业，实现绿色循环高效发展。

第8章 结论与展望

8.1 结　　论

　　资源型城市如何摆脱困境、实现绿色转型发展是城市发展战略中的重要命题。本书选择河南省典型的煤炭资源型城市为研究对象，从社会、经济、环境、资源等视角，探讨了河南省煤炭资源型城市社会经济生态协调发展态势，对比分析了河南省煤炭资源型城市绿色转型效率时空变化特征及障碍因子，对典型城市绿色转型趋势进行预测，提出了城市绿色转型发展路径和对策建议。通过构建系统的煤炭资源型城市绿色转型理论框架和辨识城市绿色转型发展障碍因子，并借鉴国内外相关成功经验，针对性地提出绿色转型发展路径，对进一步丰富和完善资源型城市可持续发展理论具有促进作用，且为煤炭资源型城市实现可持续发展提供支撑。主要结论如下：

　　第一，基于城市生命周期理论、脆弱性理论、系统论、空间经济学等理论，分别从宏观、中观、微观视角提出制度体系、结构构成、生态建设和要素投入四大驱动因素；阐明其作用传导过程，即结构优化升级是核心、制度体系改革是保障、要素投入革新是支撑、生态文明建设是导向；四个驱动因子通过压力、内动力、支撑力及保障力传导构成了其绿色转型的内在驱动机理；解析了河南省煤炭资源型城市绿色转型"协调发展度—效率—预测—策略"四位一体的动态调整和城市生长周期的差异化引导机制。

第二，构建了基于熵权 TOPSIS 的煤炭资源型城市经济—生态—社会协调发展评价模型，研究了河南省煤炭资源型城市协调发展动态演化规律及差异化特征。2000~2020 年河南省煤炭资源型城市经济、生态和社会协调发展度呈波动增长态势，增加速率为 0.036/年，协调发展程度趋向良好。成熟型和衰退型城市协调发展度增速高于平均水平，再生型城市协调发展度增速最为缓慢，成长型城市协调发展水平最低。

第三，从社会、经济、资源、环境等方面构建了"纯技术—规模—综合技术"绿色转型效率多维度 DEA 评价模型，对比分析了河南省煤炭资源型城市绿色转型时空变化。2000~2020 年河南省煤炭资源型城市绿色转型综合效率变化特征差异较大，时空分异特征明显。成长型和衰退型煤炭资源型城市绿色转型纯技术效率基本达到最优，规模效率是转型综合效率提升的关键；衰退型煤炭资源型城市提高绿色转型效率需适当控制投入规模，提高投入要素的使用效率；成熟型煤炭资源型城市绿色转型纯技术效率和规模效率变化不大，有较大提升空间；再生型煤炭资源型城市绿色转型综合效率提升明显，纯技术效率和规模效率均趋于最优。城市绿色转型交叉效率整体水平不高，集中在 0.48~0.53 之间，不同类型城市绿色转型交叉效率存在较大差异。再生型城市转型效率较好，处于良性发展趋势；成熟型和衰退型城市则出现下滑趋势。

第四，构建了基于面板回归模型的障碍因子诊断方法，对河南省煤炭资源型城市绿色转型效率障碍因子进行了辨识。资源禀赋、居民收入水平对煤炭资源型城市绿色转型效率的影响显著为正，地区经济发展水平的影响显著为负，要进一步提高煤炭资源型城市的居民收入水平，合理调配原煤要素资源，转变经济发展模式。能耗强度、居民收入水平及环境治理水平是成长型煤炭资源型城市绿色转型的障碍因子为；居民收入水平和地区经济发展水平是成熟型城市绿色转型的障碍因子；环境治理水平和产业结构是衰退型城市绿色转型的障碍因子；居民收入水平是再生型城市绿色转型的障碍因子。

第五，采用多目标最优决策函数构建了目标决策约束条件下的绿色转型预测模型。预测了 2025 年、2030 年典型城市绿色转型发展趋势。从经济增长、能源利用以及环境污染三个方面预测了焦作市、鹤壁市、三门峡市以及平顶山市等城市的绿色转型趋势。在保证经济高质量发展的目标下，城市的绿色转型要加强污染控制，提高环境容量，降低能源消耗强度，提高资源利用效率。

第六，依据煤炭资源型城市转型发展现状、问题与特征，从产业升级、生态提质及创新驱动三个层面提出了绿色转型的路径和策略：通过延伸工业产业链条以提高资源利用效率；推动现代服务业发展作为转型的重要抓手；加大农业综合投入力度并着力发展绿色农业。在推进矿产资源绿色开采的同时，实行资源产业化高效利用模式。通过优化绿色科技创新环境、提升绿色科技创新能力、建立绿色科技创新导向机制等方式进行科技创新，以加快煤炭资源型城市绿色转型发展。

8.2 创 新 点

第一，阐明了煤炭资源型城市绿色转型的内在驱动机理、动态调整和差异化引导机制。从宏观、中观、微观视角剖析了城市绿色转型驱动因子的联动过程，揭示了绿色转型"压力—内动力—支撑力—保障力"四元驱动逻辑框架和内在作用机理,提出了河南省煤炭资源型城市"协调发展度—效率—预测—策略"四位一体的绿色转型动态调整和差异化引导机制。

第二,创新提出了基于理想点的煤炭资源型城市绿色转型协调发展评价指标体系和评价模型。面向河南省煤炭资源型城市绿色转型动态调整和差异化引导需求,引入熵权和 TOPSIS 数学模型,客观反映了评价指标的相关性及其综合作用,采用自然断点的协调发展度分级方法体现了不同等级的质变区间,为科学认知煤炭资源型城市绿色转型协调发展度提供了新方法。

第三,明晰了河南省煤炭资源型城市绿色转型的演变规律和差异化特征,辨识了绿色转型效率的障碍因子。河南省煤炭资源型城市协调发展度总体呈波动转好的演变规律,呈现出成熟型 > 成长型 > 衰退型 > 再生型的变化特征;再生型城市绿色转型综合效率持续上升、衰退型城市波动下降;不同城市绿色转型效率障碍因子存在差异性,资源禀赋、居民收入水平是其主要障碍因子。

8.3 不足与展望

我国作为能源生产和消费大国,煤炭在一次能源生产和消费中仍占据主体地位,以煤为主的能源生产消费结构短期内难以改变。2021 年习近平总书记在主持召开中央财经委员会第九次会议时指出,"十四五"时期是碳达峰的关键期、窗口期,要构建清洁低碳安全高效的能源体系,控制化石能源总量,着力提高利用效能,实施可再生能源替代行动,加快推进碳排放权交易,积极发展绿色金融,要求各地政府部门、能源部门制定 2030 年前"碳达峰"行动方案。因此,煤炭资源型城市要按照国家有关部署安排,加强城市绿色转型发展。

　　本书以绿色转型为切入点，开展河南省煤炭资源型城市绿色转型机理、效率及预测研究，形成较为系统的煤炭资源型城市绿色转型理论框架，对进一步完善资源型城市可持续发展理论具有一定促进作用，为全面推动城市绿色转型提供借鉴。但是，从建立模型到对指标进行加权，本书按照客观性原则进行，在实际应用中，客观性也有一定的局限性。如果在此基础上组合多种可靠的自我评价模型，可得出更合理的结论。同时，考虑到所选对象的代表性特征以及获取数据的难易程度，根据控制变量法研究的抽样理论，抽样 8 个典型资源型城市，研究有较强针对性，应用范围有待进一步拓展。

　　应进一步加强统计学、生态学、社会学、地理学等学科交叉研究，从全国范围开展资源型城市的对比研究；完善大数据场景下城市绿色转型过程诊断的指标体系和模型；加强在"双碳"和新型城镇化背景下，资源型城市转型发展的差异化路径和政策研究。

参 考 文 献

[1] 曾万平. 我国资源型城市转型政策研究 [D]. 北京：财政部财政科学研究所，2013.

[2] 张文忠. 资源型城市转型发展的重点和政策导向 [J]. 国家治理，2022（2）：40-43.

[3] 国务院.《全国资源型城市可持续发展规划（2013~2020年)》[R]. 2013.

[4] 徐君. 供给侧结构性改革与中国资源型城市转型 [M]. 北京：人民出版社，2019.

[5] 朱苑璟. 为全方位推动高质量发展超越注入强大动力 [J]. 政协天地，2020（9）：8-10.

[6] 魏顿，李浩. 陕西煤炭工业可持续发展的问题与对策 [J]. 中国煤炭，2011，37（6）：38-40.

[7] 姬溶婧. 浅析河南省煤炭工业可持续发展的问题及对策 [J]. 当代经济，2018（4）：78-79.

[8] 支航. 吉林省资源型城市绿色转型方式与机制研究 [D]. 长春：东北师范大学，2017.

[9] 郭学能，卢盛荣. 供给侧结构性改革背景下中国潜在经济增长率分析 [J]. 经济学家，2018（1）：29-40.

[10] 叶雪洁，吕莉，王晓蕾. 经济地质学视角下的资源型城市产业转型路径研究——以淮南市为例 [J]. 中国软科学，2018

（2）：186－192.

［11］ 王国霞，刘婷.中部地区资源型城市城市化与生态环境动态耦合关系［J］.中国人口·资源与环境，2017，27（7）：80－88.

［12］ 杜勇.我国石油城市可持续发展能力评价研究［D］.武汉：中国地质大学，2017.

［13］ 刘瑛，杨丹青，杨晓晖.煤矿开采对矿业城镇生态承载力的影响研究［J］.干旱区资源与环境，2009，23（9）：24－28.

［14］ Innis H A. The Fur Trade in Canada：An Introduction to Canadian Economic History［M］.Toronto：University of Toronto Press，2001.

［15］ Jones S B. Mining and Tourist Towns in the Canadian Rockies［J］. Economic Geography，1933，9（4）：368－378.

［16］ Robinson J L. Geographical Reviews［J］. American Geographical Review，1964，54（2）：289－291.

［17］ Lucas R A，Tepperman L. Minetown，Milltown，Railtown：Life in Canadian Communities of Single Industry［J］. Oup Catalogue，1971，51（2）：286－287.

［18］ Bradbury J H，St－Martin I. Winding Down in a Quebec Mining Town：a Case Study of Schefferville［J］. Canadian Geographer，1983，27（2）：128－144.

［19］ Ross D P，Usher P J. From the roots up：economic development as if community mattered［M］.Toronto：James Lorimer & Company，1986：55－68.

［20］ Kwolek J K. Aspects of Geo－legal Mitigation of Environmental Impact from Mining and Associated Waste in the UK［J］. Journal of Geochemical Exploration，2019，31（2）：1－30.

[21] Hayter R. Flexible Crossroads: Restructuring of British Columbia's Forest Economy [M]. Vancouver: University of British Columbia Press, 2000: 321 – 354.

[22] Barnes T J, Hayter R. The Restructuring of British Columbia's Coastal Forest Sector: Flexibility Perspectives [J]. BC Studies, 1997 (113): 7 – 34.

[23] Barnes T J, Britton J N H, Coffey W J, et al. Canadian economic geography at the millennium [J]. Canadian Geographer, 2000, 44 (1): 4 – 24.

[24] Markey S, Halseth G, Manson D. The Struggle to Compete: From comparative to competitive advantage in Northern British Columbia [J]. International Planning Studies, 2006, 11 (1): 19 – 39.

[25] Yu J, Yao S Z, Chen R Q, et al. A Quantitative Integrated Evaluation of Sustainable Development of Mineral Resources of a Mining City: a Case Study of Huangshi, Eastern China [J]. Resource Policy, 2015, 30 (1): 7 – 19.

[26] Pearce D W, Atkinson G. Capital theory and the measurement of sustainable development: an indicator of weak sustainability [J]. Ecological Economics, 2013, 8 (2): 103 – 108.

[27] Johnston D, Lowe R, Bell M. An exploration of the technical feasibility of achieving CO_2 emission reduction in excess of 60% within the UK housing stock by the year 2050 [J]. Energy Policy, 2005 (33): 1643 – 1659.

[28] Treffers D J, Faaij A P C, Spakman J, et al. Exploring the possibilities setting up sustainable energy system for the Long felt: Two visions for the Dutch energy system in 2050 [J]. Energy Pol-

icy，2015，33（13）：1723 – 1743.

［29］ Kawase R，Matsuoka Y，Fujino J. Decomposition analysis of CO_2 emission in long – term climate stabilization scenarios ［J］. Energy policy，2006（34）：2113 – 2122.

［30］ 刘薇 . 国内外绿色创新与发展研究动态综述 ［J］. 中国环境管理干部学院学报，2012（5）：17 – 20.

［31］ Sunikka M. Energy efficiency and low carbon technologies in urban renewal ［J］. Building Research & Information，2006（34）：521 – 533.

［32］ Omer A M. Focus on low carbon technologies：The positive solution ［J］. Renewable & Sustainable Energy Reviews，2008，12（9）：2331 – 2357.

［33］ Parrish B D，Foxon T J. Sustainability Entrepreneurship and Equitable Transitions to a Low – Carbon Economy ［J］. Greener Management International，2009（55）：47 – 62.

［34］ Winkler H. Energy policies for sustainable development in South Africa ［J］. Energy for Sustainable Development，2007，11（1）：26 – 34.

［35］ Johnston D，Lowe R，Bell M. An exploration of the technical feasibility of achieving CO_2，emission reductions in excess of 60% within the UK housing stock by the year 2050 ［J］. Energy Policy，2020，33（13）：1643 – 1659.

［36］ Treffers D J，Faaij A P C，Spakman J，et al. Exploring the possibilities for setting up sustainable energy systems for the long term：two visions for the Dutch energy system in 2050 ［J］. Energy Policy，2005，33（13）：1723 – 1743.

［37］ Jabareen Y R. Sustainable Urban Forms：Their Typologies，Models, and Concepts ［J］. Journal of Planning Education & Research, 2006, 26 (1)：38 - 52.

［38］袁艺, 王双进. 低碳城市发展理论研究综述［J］. 北方经济, 2010 (20)：13 - 14.

［39］Sunikka M. Energy efficiency and low - carbon technologies in urban renewal ［J］. Building Research & Information, 2006, 34 (6)：521 - 533.

［40］Glaeser E, Kahn M. The greenness of cities ［J］. Rappaport Institute Taubman Center Policy Briefs, 2008, 3：1 - 11.

［41］Morrison G, Yoshida P. China, United States, Korea Take Lead In Clean Energy and Low - Carbon Initiatives ［J］. Research Technology Management, 2009, 52 (6)：2 - 4.

［42］张晨. 我国资源型城市绿色转型复合系统研究［D］. 天津：南开大学, 2010.

［43］刘照华. 《太原绿色转型标准体系》解读［N］. 太原日报, 2007 - 11 - 15 (01).

［44］姜艳生. 关于推动绿色转型的理论和实践问题的探讨［J］. 太原科技, 2007 (6)：5 - 8.

［45］刘纯彬, 张晨. 资源型城市绿色转型内涵的理论探讨［J］. 中国人口·资源与环境, 2009, 19 (5)：6 - 10.

［46］杜创国, 郭戈英. 绿色转型的内在结构和表达方式——以太原市的实践为例［J］. 中国行政管理, 2010 (12)：114 - 117.

［47］王瑾. 太原市绿色转型研究［D］. 太原：山西大学, 2011.

［48］徐雪, 罗勇. 中国城市的绿色转型与繁荣［J］. 经济与管理研究, 2012 (9)：118 - 121.

［49］孙凌宇. 资源型企业绿色转型成长研究［M］. 北京：人民出

参考文献

版社，2014：29.

[50] 陈群，柳丕辉，蔡彬清，等. 福建经济发展绿色转型：推进装配式建筑发展 [J]. 福建论坛（人文社会科学版），2017（1）：183 – 188.

[51] 何红渠，孙凌宇. 资源型企业绿色转型 [J]. 理论视野，2012（5）：65 – 66.

[52] 孙凌宇. 资源型产业绿色转型的生态管理模式研究 [J]. 青海社会科学，2012（4）：32 – 38.

[53] 刘治彦，岳晓燕，赵睿. 城市产业绿色转型的态势与对策 [J]. 宏观经济管理，2012（10）：57 – 60.

[54] 魏洁. 乌海市绿色转型问题研究 [D]. 呼和浩特：内蒙古大学，2017.

[55] Bradbury J. The impact of industrial cycles in the mining sector: the case of the Québec - Labrador region in Canada [J]. International Journal of Urban & Regional Research, 1984, 8 (3): 311 – 331.

[56] Tony B, Etienne N. The Village in a Game Park: Local Response to the Demise of Coal Mining in Kwazulu – Natal [J]. Economic Geography, 2003, 79 (1): 41 – 66.

[57] Dai W, Zhang M Z, Qin Q, et al. Ecological Security Evaluation of Water Resource Based on Ecological Footprint Model [J]. Environmental Science & Technology, 2013, 36 (12): 228 – 233.

[58] Marsh B. Continuity and Decline in the Anthracite Towns of Pennsylvania [J]. Annals of the Association of American Geographers, 2015, 77 (3): 337 – 352.

[59] Slocombe D S. Resources, people and places: resource and environmental geography in Canada 1996 ~ 2000 [J]. Canadian Geog-

197

rapher, 2010, 44（1）: 56 - 66.

[60] Parker P. Canada - Japan coal trade: an alternative form of the staple production model [J]. Canadian Geographer, 2017, 41 （3）: 248 - 267.

[61] Tanya B, Hayter R. Resource town restructuring, youth and changing labour market expectations: the case of grade 12 students in Powell River [J]. BC Studies, 2003（103）: 75 - 103.

[62] Sorensen T, Epps R. The Role of Tourism in the Economic Transformation of the Central West Queensland Economy [J]. Australian Geographer, 2003, 34（1）: 73 - 89.

[63] Markey S, Halseth G, Manson D. The Struggle to Compete: From comparative to competitive advantage in Northern British Columbia [J]. International Planning Studies, 2006, 11（1）: 19 - 39.

[64] Tehrani N A, Makhdoum M F. Implementing a spatial model of Urban Carrying Capacity Load Number（UCCLN）to monitor the environmental loads of urban ecosystems. Case study: Tehran metropolis [J]. Ecological Indicators, 2013, 32（9）: 197 - 211.

[65] Friend R, Moench M. What is the purpose of urban climate resilience? Implications for addressing poverty and vulnerability [J]. Urban Climate, 2013, 6: 98 - 113.

[66] 张倩, 吴梦锡. 煤炭产业绿色转型与绿色技术创新协同发展研究 [J]. 煤炭经济研究, 2016, 36（12）: 28 - 32.

[67] 姜大霖, 聂立功. 我国煤炭行业绿色发展的内涵与低碳转型路径初探 [J]. 煤炭经济研究, 2016, 36（11）: 17 - 21.

[68] 陈玉红. 东北地区资源型产业绿色转型研究 [D]. 长春: 吉林大学, 2017.

[69] 李斌，陈斌．环境规制、财政分权与中国经济低碳转型 [J]．经济问题探索，2017（10）：156–165．

[70] 诸大建．基于 PSR 方法的中国城市绿色转型研究 [J]．同济大学学报（社会科学版），2011，22（4）：37–47．

[71] 朱远．城市发展的绿色转型：关键要素识别与推进策略选择 [J]．东南学术，2011（5）：40–50．

[72] 王艳秋，胡乃联，苏以权．资源型城市绿色转型影响因素的 TPE 模型构建及其作用机理 [J]．商业时代，2012（31）：102–103．

[73] 邬乐雅，曾维华，时京京，等．美国绿色经济转型的驱动因素及相关环保措施研究 [J]．生态经济（学术版），2013（2）：153–157．

[74] 曹依蓉．中国区域低碳绿色转型测度及影响因素分析——基于省级动态面板数据的实证研究 [J]．商业经济研究，2015（13）：56–58．

[75] 赵东方，武春友，商华．国家级新区绿色增长能力提升路径研究 [J]．当代经济管理，2017，39（12）：16–20．

[76] 王晓阁，关阳，李明光．广州市工业低碳化转型升级研究 [J]．环境科学与管理，2017，42（10）：29–32．

[77] 王超宏．低碳经济下的企业转型导入机制分析 [J]．现代商业，2017（36）：89–90．

[78] 郭藤．吉林省高耗能产业低碳转型对策研究 [D]．长春：长春工业大学，2017．

[79] 张宏娟．基于微观主体行为的传统产业集群低碳转型升级机制分析 [J]．商业经济研究，2017（9）：181–183．

[80] 姚明涛，熊小平，康艳兵．以碳排放指标为引领推动电力行业绿色低碳转型 [J]．中国能源，2017，39（3）：39–43．

［81］贺丹，黄涛，姜友雪．产业结构低碳转型的主导产业选取与发展策略［J］．宏观经济研究，2016（11）：131－141，175.

［82］杨玲，易辉．资源型企业绿色转型障碍与发展建议［J］．对外经贸，2016（9）：142－143，155.

［83］李雪娇，何爱平．绿色发展的制约因素及其路径拿捏［J］．改革，2016（6）：90－99.

［84］廖中举，李喆，黄超．钢铁企业绿色转型的影响因素及其路径［J］．钢铁，2016，51（4）：83－88.

［85］李烨，潘伟恒，龙梦琦．资源型产业绿色转型升级的驱动因素［J］．技术经济，2016，35（4）：65－69，119.

［86］何劭玥．国有企业绿色转型影响因素研究——以中国石化A企业为个案［J］．广西民族大学学报（哲学社会科学版），2017，39（6）：90－97.

［87］李玲，王小娥．基于DEMATEL方法的农业绿色化转型影响因素分析——以福建省为例［J］．南京理工大学学报（社会科学版），2018，31（2）：50－56.

［88］张煌强．西部地区物流业发展的生态化转型水平评价研究［J］．商业经济研究，2016（8）：209－210.

［89］关友毅．中国城市产业生态转型评价［D］．合肥：安徽财经大学，2015.

［90］张义．四川产业绿色发展评价研究［D］．成都：成都理工大学，2017.

［91］陈诗一．中国各地区低碳经济转型进程评估［J］．经济研究，2012，47（8）：32－44.

［92］武春友，陈兴红，匡海波．基于AHP—标准离差的企业绿色度可拓学评价模型及实证研究［J］．科研管理，2014，35

（11）：109－117.

[93] 肖贵蓉，赵衍俊，郭玲玲．基于 DPSIR—TOPSIS 的城市绿色转型评价及实证——以太原市为例［J］．技术经济，2016，35（12）：82－89.

[94] 张虎，宫舒文．基于 DEA—Malmquist 的工业绿色全要素生产率测算及分析——以湖北省为例［J］．江西师范大学学报（自然科学版），2017，41（5）：531－537.

[95] 严先锋，王辉，黄靖．绿色转型视角下地区农业发展与干预机制研究——基于农业绿色全要素生产率的分析［J］．科技管理研究，2017，37（21）：253－260.

[96] 李俐佳，王雪华．中国沿海城市绿色转型能力评价研究——以大连市为例［J］．科技与管理，2017，19（6）：11－17.

[97] 胡书芳，马宪法．浙江省城市绿色发展水平评价及区域差异分析［J］．科技管理研究，2017，37（7）：110－114.

[98] 陶晓燕．基于主成分分析的资源型城市产业转型能力评价［J］．资源与产业，2013，15（2）：1－5.

[99] 吴雅云，高世葵．内蒙古资源型城市产业转型能力评价［J］．资源与产业，2015，17（1）：1－5.

[100] 李杰．新疆油气资源型城市产业接续与对策研究［D］．乌鲁木齐：新疆农业大学，2011.

[101] 涂蕾．新常态下资源型城市产业转型研究——以湖南省娄底市为例［D］．长沙：湖南师范大学，2016.

[102] 李鹏飞，代合治，谈建生．资源枯竭型城市产业转型实证研究——以枣庄为例［J］．地域研究与开发，2012，31（2）：67－72.

[103] 卢山．连云港市绿色发展水平评价与提升策略研究［J］．连云港师范高等专科学校学报，2017，34（4）：1－8.

[104] 侯建，陈恒. 中国高专利密集度制造业技术创新绿色转型绩效及驱动因素研究 [J]. 管理评论，2018，30（4）：59 - 69.

[105] 吴超，杨树旺，唐鹏程，等. 中国重污染行业绿色创新效率提升模式构建 [J]. 中国人口·资源与环境，2018，28（5）：40 - 48.

[106] 齐亚伟. 节能减排、环境规制与中国工业绿色转型 [J]. 江西社会科学，2018，38（3）：70 - 79.

[107] 杨瑞兰. 新常态下资源型城市产业转型与优化路径研究——以榆林市为例 [D]. 银川：宁夏大学，2017.

[108] 王巧莉，韩丽红. 基于 DEA 模型的资源型城市产业转型效率研究——以东北三省地级资源型城市为例 [J]. 资源与产业，2017，19（1）：10 - 16.

[109] 杨灿，朱玉林. 国内外绿色发展动态研究 [J]. 中南林业科技大学学报（社会科学版），2015，9（6）：43 - 50.

[110] 郑德凤，臧正，孙才志. 绿色经济、绿色发展及绿色转型研究综述 [J]. 生态经济，2015，31（2）：64 - 68.

[111] 胡岳岷，刘甲库. 绿色发展转型：文献检视与理论辨析 [J]. 当代经济研究，2013（6）：33 - 42，93.

[112] 孙毅，景普秋. 资源型区域绿色转型模式及其路径研究 [J]. 中国软科学，2012（12）：152 - 161.

[113] 高俊. 资源型城市产业转型绿色发展研究 [D]. 成都：成都理工大学，2016.

[114] 连晓宇. 区域中心城市绿色转型绩效评价 [D]. 大连：大连理工大学，2016.

[115] 许虹. 旅顺口区城市绿色转型的推进对策研究 [D]. 大连：大连理工大学，2016.

[116] 张壮. 生态经济化视角下林业资源型城市绿色化转型发展

对策——以伊春市为例 [J]. 黑龙江省社会主义学院学报，2018 (1)：60 – 62.

[117] 王会芝. 京津冀城镇化绿色转型问题研究与实现路径 [J]. 当代经济管理，2018 (6)：74 – 77.

[118] 李平. 中国工业绿色转型研究 [J]. 中国工业经济，2011 (4)：5 – 14.

[119] 韩晶. 中国工业绿色转型的障碍与发展战略研究 [J]. 福建论坛 (人文社会科学版)，2011 (8)：11 – 14.

[120] 叶敏弦. 城市绿色转型的产业形成机理与对策思考 [J]. 福建论坛 (人文社会科学版)，2013 (9)：36 – 38.

[121] 董秋云. 供给侧结构性改革背景下的制造业绿色转型路径探讨 [J]. 生态经济，2017，33 (8)：129 – 133.

[122] 杜艳春，葛察忠，何理，等. 京津冀传统产业绿色转型升级的瓶颈与政策建议 [J]. 中国人口·资源与环境，2017，27 (S2)：107 – 110.

[123] 侯芳芳，李明生. 长株潭城市群能源低碳转型的发展路径研究 [J]. 特区经济，2016 (3)：94 – 98.

[124] 郝萌. 铜川资源枯竭型城市低碳转型研究 [D]. 西安：西安工业大学，2017.

[125] Li H，Long R，Chen H. Economic transition policies in Chinese resource-based cities：An overview of government efforts [J]. Energy Policy，2013，55 (4)：251 – 260.

[126] Mcmahon G，Remy F. Large mines and the community：socioeconomic and environmental effects in Latin America，Canada，and Spain [M]. Washington DC：IDRC and World Bank，2011.

[127] Lockie S，Franettovich M，Petkova – Timmer V，et al. Coal

mining and the resource community cycle: A longitudinal assessment of the social impacts of the Coppabella coal mine [J]. Environmental Impact Assessment Review, 2019, 29 (5): 330 - 339.

[128] Tehrani N A, Makhdoum M F. Implementing a spatial model of Urban Carrying Capacity Load Number (UCCLN) to monitor the environmental loads of urban ecosystems. Case study: Tehran metropolis [J]. Ecological Indicators, 2013, 32 (9): 197 - 211.

[129] 谭旭红. 资源型城市绿色转型评价研究——以黑龙江省为例 [J]. 煤炭经济研究, 2018, 38 (12): 23 - 28.

[130] 熊彬. 空间视角下资源型城市转型效率差异演化及影响因素分析——以东北地区资源型城市为例 [J]. 华东经济管理, 2019, 33 (7): 78 - 83.

[131] 张逸昕. 创新驱动、政府规制与资源型城市转型效率研究——基于Super—SBM模型的实证分析 [J]. 河南师范大学学报. 哲学社会科学版, 2020, 47 (2): 37 - 45.

[132] 王晓楠, 孙威. 黄河流域资源型城市转型效率及其影响因素 [J]. 地理科学进展, 2020, 39 (10): 1643 - 1655.

[133] 刘霆, 李业锦, 任悦悦, 等. 我国资源枯竭型城市转型的影响因素 [J]. 资源与产业, 2019, 21 (1): 45 - 53.

[134] 崔伊霞. 中国资源枯竭型城市绿色转型发展研究 [D]. 长春: 吉林大学, 2020.

[135] 肖贵蓉, 赵衍俊, 郭玲玲. 基于DPSIR - TOPSIS的城市绿色转型评价及实证——以太原市为例 [J]. 技术经济, 2016, 35 (12): 82 - 89.

[136] 夏敏, 汪龙, 文博, 等. 煤炭资源枯竭型城市工矿用地变化驱动机制研究——基于利用主体视角 [J]. 中国土地科

学，2020，34（8）：89－97.

[137] 安薪如，刘楠，车敬上，等．资源稀缺对消费行为的双刃剑效应：研究框架与展望［J］．外国经济与管理，2021，43（10）：103－119.

[138] 李影，李子联．能源资源的稀缺性与动态特征研究——基于1978—2017年煤炭价格指数的实证［J］．价格理论与实践，2019（5）：72－75.

[139] 聂新伟，齐飞．我国煤炭资源税从价改革的现实必要性——基于外部性的分析［J］．城市，2015（7）：56－63.

[140] 苗琦，孟刚，陈敏，等．我国煤炭资源可供性分析及保障研究［J］．能源与环境，2020（2）：6－8，23.

[141] 朱富强．现代消费理论三大基本假设缺陷——兼评现代主流经济学的逻辑前提［J］．东北财经大学学报，2018（4）：10－23.

[142] 吴柏秋，王军邦，齐述华，等．生态系统服务权衡量化方法综述及未来模型发展（英文）［J］．Journal of Resources and Ecology，2019，10（2）：225－233.

[143] 解艳萃．城市生态系统研究进展［J］．中国资源综合利用，2016，34（11）：53－55.

[144] 李琳，张涛，田治威．居民对城市生态系统保护态度及其影响因素研究——以大庆市为例［J］．北京林业大学学报，2021，20（4）：84－89.

[145] 王岑，王节涛，黎义勇，等．城市生态系统与流域地质环境资源复合关系研究［J］．长江技术经济，2021，5（6）：50－52.

[146] 陈寒旭，游巍斌，何东进，等．近20年城市生态系统服务发展态势分析［J］．生态科学，2021，40（5）：78－88.

[147] 朱春华. 我国矿产资源供应风险评价研究 [D]. 北京: 中国地质大学, 2018.

[148] 胡承辉, 朱建新. 生态系统理论在城市生态文明建设中的实践探究 [J]. 湖北林业科技, 2014, 43 (6): 28-32.

[149] 高鹏. 基于生命周期理论的资源型城市产业转型战略研究 [J]. 河南师范大学学报 (哲学社会科学版), 2014, 41 (3): 75-78.

[150] 马续补, 李欢, 赵捧未, 等. 生命周期视角下的我国公共信息资源开放政策模式研究 [J]. 现代情报, 2021, 41 (2): 141-151.

[151] 朱爱琴, 曾菊新, 唐承财, 等. 资源型城市生命周期优化调控潜力测评 [J]. 人文地理, 2013, 28 (5): 69-75.

[152] 姚平, 姜曰木. 资源型城市产业转型与实现路径分析——基于技术创新和制度创新协同驱动机理 [J]. 经济体制改革, 2013 (2): 56-59.

[153] 黄翊扬, 雷梦婷. 基于城市可持续发展理论的资源枯竭型城乡规划方法 [J]. 广西城镇建设, 2020 (5): 78-80.

[154] 周宏春, 史作廷, 江晓军. 中国可持续发展30年: 回顾、阶段热点及其展望 [J]. 中国人口·资源与环境, 2021, 31 (9): 171-178.

[155] 曹阳东. 河南三地市煤炭资源可持续发展评价及城市转型研究 [D]. 北京: 中国地质大学, 2016.

[156] 唐倩, 王金满, 荆肇睿. 煤炭资源型城市生态脆弱性研究进展 [J]. 生态与农村环境学报, 2020, 36 (7): 825-832.

[157] 常江, 姬智, 张心伦. 我国近现代煤炭资源型城市发展、问题及趋势初探 [J]. 资源与产业, 2019, 21 (2): 3-11.

[158] 新华网. 山西: 煤炭大省的绿色发展 [EB/OL]. [2022-

08－22].

［159］于谦．金融社会工作视角下资源型城市就业创业问题及对策研究［D］．大庆：东北石油大学，2021．

［160］姜海宁，张文忠，余建辉，等．山西资源型城市创新环境与产业结构转型空间耦合［J］．自然资源学报，2020，35（2）：269－283．

［161］李星汐．基于城乡一体化的煤炭资源型城市基础设施评价与规划策略研究［D］．徐州：中国矿业大学，2019．

［162］管晶，焦华富．煤炭资源型城市城乡空间结构演变及影响因素——以安徽省淮北市为例［J］．自然资源学报，2021，36（11）：2836－2852．

［163］赵洋．我国资源型城市产业绿色转型效率研究——基于地级资源型城市面板数据实证分析［J］．经济问题探索，2019（7）：94－101．

［164］刘晓雯，沈万芳，段培新，等．新时代下煤炭资源枯竭型城市可持续发展转型评价［J］．中国矿业，2020，29（12）：75－82．

［165］王欢欢，沈山．新中国成立70周年以来我国煤炭资源型城市发展与转型研究综述［J］．经济师，2019（9）：14－16．

［166］焦作市统计局．焦作统计年鉴2017［M］．焦作：万盛印刷有限公司，2017年．

［167］江苏省人民政府．徐州市2020年经济运行数据出炉［EB/OL］．［2021－02－01］．

［168］刘晟．煤炭企业实现可持续发展的对策［J］．中州煤炭，2008（01）：103－104．

［169］中国政府网．让绿水青山造福人民泽被子孙——习近平总书记关于生态文明建设重要论述综述［EB/OL］．［2021－06－

03].

[170] 张俊峰，张安录．土地资源空间异质性与经济发展水平的关系研究——以武汉城市圈为例［J］．自然资源学报，2015，30（5）：725-735.

[171] 王效科，苏跃波，任玉芬，等．城市生态系统：高度空间异质性［J］．生态学报，2020，40（15）：5103-5112.

[172] 杨显明，焦华富，许吉黎．不同发展阶段煤炭资源型城市空间结构演化的对比研究——以淮南、淮北为例［J］．自然资源学报，2015，30（1）：92-105.

[173] Kuai Peng, Li Wei, Cheng Runhe, et al. An application of systemdynamics for evaluating planning alternatives to guide a green industrialtransformation in a resource-based city［J］. Journal of Cleaner Production, 2015, 104：403-412.

[174] Zhao Yanqi, Yang Ying, Leszek Sobkowiak, et al. Experience in the transformation process of "coal city" to "beautiful city"：Taking Jiaozuo City as an example［J］. Energy Policy, 2021, 150：112164.

[175] 王大业．黑龙江省煤炭资源型城市经济转型发展研究［J］．商业经济，2019（9）：9-10，149.

[176] 楚明钦．产业发展、要素投入与我国供给侧改革［J］．求实，2016（6）：33-39.

[177] 曹孜．煤炭城市转型与可持续发展研究［D］．长沙：中南大学，2013.

[178] 王杨，雷国平，刘兆军，等．煤炭资源枯竭型城市土地可持续利用动因分析［J］．经济地理，2010，30（7）：1185-1188.

[179] 以新发展理念引领发展——关于树立创新、协调、绿色、开放、共享的发展理念［J］．前进，2016（9）：4-7.

[180] 曲娜. 内蒙古煤炭资源枯竭型城市转型效果及影响因素研究 [D]. 呼和浩特：内蒙古师范大学，2015.

[181] 中共中央马克思恩格斯列宁斯大林著作编译局. 马克思恩格斯全集第 2 版（第 40 卷）[M]. 北京：人民出版社，2001：289 - 290.

[182] 谭俊涛. 基于演化弹性理论的东北地区资源型城市转型研究 [D]. 北京：中国科学院大学，2017.

[183] Liu E N, Wang Y, Chen W, et al. Evaluating the transformation of China's resource—based cities：An integrated sequential weight and TOPSIS approach [J]. Socio—Economic Planning Sciences, 2021, 77（17）：101022.

[184] Li, Zhenya, Yang, Tao, Huang Chingsheng, et al. An improved approach for water quality evaluation：TOPSIS—based informative weighting and ranking approach [J]. Ecological indicators, 2018, 89：356 - 364.

[185] Ebrahim K S, Iman I, Asghar F, et al. Development and prioritization of socio—economic strategies to elevate public participation in natural resource management using TOPSIS approach；Case Study：Chaharmahal and Bakhtiari Province（Iran）[J]. Journal of Applied Sciences & Environmental Management, 2017, 21（3）：476 - 485.

[186] 鲁春阳. 基于改进 TOPSIS 法的城市土地利用绩效评价及障碍因子诊断——以重庆市为例 [J]. 资源科学，2011, 33（3）：535 - 541.

[187] 邹秀清，谢美辉，肖泽干，等. 基于熵权—TOPSIS 法的乡村发展评价及障碍因子诊断 [J]. 中国农业资源与区划，2021, 42（10）：197 - 206.

[188] 章蓓蓓，彭晓曼．基于熵值法和 TOPSIS 法城市高质量发展水平评价分析 [J]．黑龙江工程学院学报，2021，35（5）：42 - 48.

[189] 王清源，潘旭海．熵权法在重大危险源应急救援评估中的应用 [J]．南京工业大学学报（自然科学版），2011，33（3）：87 - 92.

[190] 李萍，魏朝富，邱道持．基于熵权法赋权的区域耕地整理潜力评价 [J]．中国农学通报，2007（6）：536 - 541.

[191] 李曙，班凤梅，姚振中．基于熵权—TOPSIS 法的资源型城市转型绩效评价——以山西省朔州市为例 [J]．太原学院学报（社会科学版），2021，22（1）：39 - 49.

[192] Yin Q, Wang Y, Wan K, et al. Evaluation of Green Transformation Efficiency in Chinese Mineral Resource—Based Cities Based on a Three—Stage DEA Method [J]. Sustainability, 2020, 12: 9455.

[193] Deng W. Evaluating Transformation Efficiency of Resource—based Coastal Cities: An AHP and DEA Based Analysis [J]. Journal of Coastal Research, 2019, 94: 878 - 882.

[194] Yu Y, Huang J, Zhang N. Modeling the eco—efficiency of Chinese prefecture-level cities with regional heterogeneities: A comparative perspective [J]. Ecological Modelling, 2019, 402: 1 - 17.

[195] 李梦雅，严太华．基于 DEA 模型和信息熵的我国资源型城市产业转型效率评价——以全国 40 个地市级资源型城市为例 [J]．科技管理研究，2018，38（3）：86 - 93.

[196] 刘金培，杨宏伟，陈华友，等．基于交叉效率 DEA 与群体共识的区间乘性语言偏好关系群决策 [J]．中国管理科学，

2020, 28 (2): 190 - 198.

[197] 刘金培, 葛海霞, 王怡然, 等. 中国省域碳排放效率动态评价研究——基于交叉效率 DEA 模型 [J]. 资源开发与市场, 2017, 33 (9): 1041 - 1045, 1057.

[198] 白雪洁, 汪海凤, 闫文凯. 资源衰退、科教支持与城市转型——基于坏产出动态 SBM 模型的资源型城市转型效率研究 [J]. 中国工业经济, 2014 (11): 30 - 43.

[199] 路辉, 王诗琪, 申泽鹏. 基于区域迁移策略的测试任务调度问题多目标多模优化 [J]. 陕西师范大学学报 (自然科学版), 2021, 49 (5): 54 - 70.

[200] 宋冬梅, 刘春晓, 沈晨, 等. 基于主客观赋权法的多目标多属性决策方法 [J]. 山东大学学报 (工学版), 2015, 45 (4): 1 - 9.

[201] 袁亮. 我国煤炭资源高效回收及节能战略研究 [J]. 中国矿业大学学报 (社会科学版), 2018, 20 (1): 3 - 12.

[202] 王素军. 中国资源型城市转型路径研究: 以甘肃典型资源型城市为例 [D]. 兰州: 兰州大学, 2011.

[203] 周若雨. 四川省各市州土地资源可持续利用研究 [J]. 国土与自然资源研究, 2021 (4): 28 - 32.

[204] 尹鹏, 刘继生, 陈才. 东北地区资源型城市基本公共服务效率研究 [J]. 中国人口·资源与环境, 2015, 25 (6): 127 - 134.

[205] 焦华富, 许吉黎. 社会空间视角下成熟型煤炭资源城市地域功能结构研究——以安徽省淮南市为例 [J]. 地理科学, 2016, 36 (11): 1670 - 1678.

[206] 杨志明. 中国城市"资源诅咒"现象的实证检验——基于资源利用效率传导机制视角 [J]. 北京理工大学学报 (社

会科学版），2013，15（4）：28－33，41.

[207] 崔秀萍，吕君，王珊. 生态脆弱区资源型城市生态环境影响评价与调控［J］. 干旱区地理，2015，38（1）：148－154.